U0142015

海南文獻叢刊：提要一

日文海南資料綜錄

A Collection of Hainan
Historical Materials in Japanese

王會均著

文史哲出版社
印　行

R
016.6737
1084

日文海南資料綜錄 = A Collection of
Hainan historical materials in
Japanese / 王會均著. -- 臺北市：文史
哲，民82
　　180面 : 地圖 ; 21公分. --（海南文獻叢
刊. 提要 ;一）
　　含索引
　　ISBN 957-547-801-0(平裝) : 新臺幣
元

　　1. 海南省--提要. I. 王會均著. II. 叢
書名.

日文海南資料綜錄

著　者：王　會　均

出版者：文史哲出版社

登記證字號：行政院新聞局局版臺業字五三三七號

發行人：彭　　正　雄

發行所：文史哲出版社

印刷者：文史哲出版社

台北市羅斯福路一段七十二巷四號
郵撥○五一二八八一二彭正雄帳戶
電話：三　五　一　一　○　二　八

中華民國八十二年八月初版

實價新台幣三○○元

日文海南資料綜錄

目　次

本叢刊承

中央研究院吳院長大猷博士題簽謹此致謝

王會均編纂

海南文獻叢刊

吳大猷題

海南文獻叢刊龔序

　　海南（舊名瓊崖）孤懸海外，為我國南疆國防之重要屏障，世人固知之諗矣，而其礦藏之豐富，土壤之膏沃，教育之普及，民俗之淳厚等等，則鮮為世悉。鼎革以還，南中及國內各界名流，曾聯名條陳建省，北伐統一，鄉人宋子文陳策諸人復大力倡議開發，喧騰一時，遂為世所矚目，因而私人旅遊觀光者有之，組隊探究考察者有之，建教機構之提綱調查，專業團體之特定撰述，林林總總，不一而足，撰述之項目雖殊，開發之主張則一，其受各方人士之重視，已可概見，而珠璣文章，亦可列為地方文獻而無愧。

　　緬維吾人有維護文獻之義務，尤有發揚光大之責任，民初之際，海口海南書局曾收集邱文莊、海忠介二公與諸前賢之學術著作從政書疏與文稿，都三十餘種，編印為海南叢書行世，此舉對顯彰前賢，啓迪後學，與夫保存文獻各方面，厥功甚偉，惜乎連年兵燹，多遭戰火而燬失，今能倖存者，想已無幾矣。

　　本邑王君會均，青年有為，對於方志典籍以及地方文獻等卷帙，搜存尤為用心，前曾刊行《海南文獻資料簡介》一書，甚得佳評，今特將多年收藏之四百餘種有關海南文獻典籍中，擇其精要，作有系統之整理，編成「海南文

獻叢刊」，而將次第印行，冀保文獻於久遠，作開發之津
梁，復可供邦人君子暨中外學者作研究海南種種問題之參
考，一舉數得亦可免珠沉滄海，玉蘊深山而不得用世焉。

中華民國七十五年（丙寅）十二月行憲紀念日　　龔少俠

海南特別行政區圖

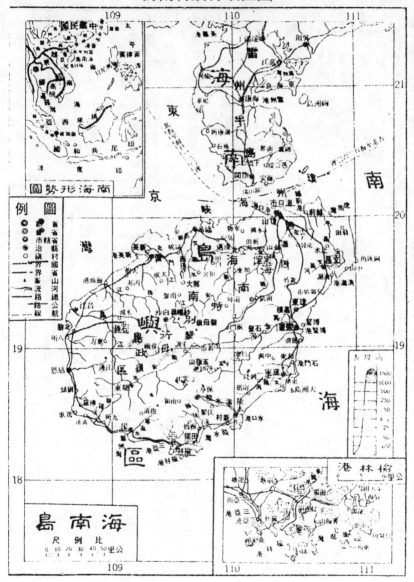

南海四沙群島全圖

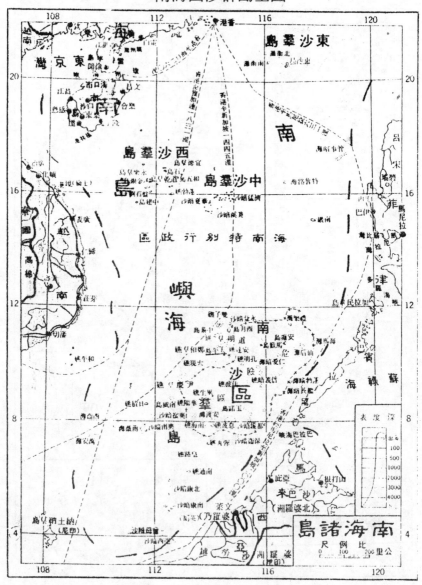

海南特區全屬名稱

海南十六縣一市名稱：

瓊山　文昌　定安　澄邁

樂會　瓊東　萬寧　陵水

崖縣　臨高　儋縣　昌江

感恩　白沙　樂東　保亭

海口市

海南附屬四島嶼名稱：

東沙羣島　　西沙羣島

南沙羣島　　中沙羣島

吳　序

～臺灣總督府與海南調查～

　　日據時期，臺灣因鄰近華南、東南亞，乃成為日本南進之據點，臺灣總督府長期肩負著南進的舖路工作，例如：在華南設立文教、金融機構，開發臺灣至南洋要地之航線，以及培養前往華南、南洋工作之人才等均是。尤其是一九三一年九一八事變後，臺灣在南進政策中的重要性更加被強調，總督府為配合中央南方擴張政策之需，一九三五年，成立熱帶產業調查會及臺灣拓植株式會社，以進行華南、南洋產業經濟之調查和經營。翌年，臺灣總督小林躋造進而揭櫫以工業化、南方發展、皇民化作為三大施政方針，積極貫徹臺灣的南進基地化任務。

　　一九三七年，中日全面戰爭爆發，戰火迅速由華北向華中、華南擴大，總督府更是密切配合中央當局的需要。一九三九年二月，日軍占領海南島後，總督府一面派遣許多人員協助占領當局展開日語教育，設立醫院，師範學校等設施；一面派遣調查團及專家學者對海南島的自然、人文進行全面性的調查研究，完成了一三〇餘種調查研究資料。由此顯示，臺灣總督府深刻介入海南島的「經營」，亦因此而留下豐富的海南資料。

　　王會均先生籍隸海南樂會，自民國六十二年任職圖書館以來，本諸濃厚的愛鄉情懷，乃藉工作之便，利用公餘

之暇，蒐羅有關海南的中日文書籍，以及刊載於期刊、報紙之論文、調查報告、統計、旅行日記、圖表、照片等資料，先後編輯出版《海南文獻資料簡介》（七十二年）、《海南文獻資料索引》（七十六年）二書，爲海南研究作了奠基工作，成爲有志於海南研究者利便之工具書，深獲佳評和肯定。

　　現王先生另以前述日軍占領海南期間的調查研究資料爲主體，兼及戰前有關海南的日文文獻，合計一九〇種，輯成《日文海南資料綜錄》一書。其編輯方法，係依資料性質和內容分類編號，註明出版、庋藏情況，並作提要。本書乃是臺灣及海外現藏一九四五年以前日文海南資料總目錄，補充前編二書之不足。編者此種爲人作嫁力求完備之苦心，令人深感敬佩。期待在此一良基下，海南研究能勃然興盛而結出豐碩的果實，則編者之苦心堪慰。爰略贅數語以爲序。

　　　　　　　　　　吳文星誌於國立臺灣師範大學歷史系
　　　　　　　　　　　　　　中華民國八十二年一月

自 序

海南特別行政區(Hainan special Administration District)，直隸行政院。其行政管轄區域，除瓊山、文昌、定安、澄邁、樂會、瓊東、萬寧、陵水、崖縣、臨高、儋縣、昌江、感恩、白沙、樂東、保亭等十六縣，暨海口市外，尚包括東沙、西沙、中沙、南沙等南海四沙群島。

海南古名珠崖，又名瓊臺，亦稱瓊州，或稱瓊崖，簡稱瓊。原本古雕題鑿齒之國，唐虞爲揚越荒徼，惟春秋不見於傳，秦乃象郡外域，漢屬珠崖及儋耳二郡境地。在漢以前，史書典籍，間有缺帙，無從稽考。

海南位於東經一〇八度三十六分至一一一度二分三〇秒，北緯一八度九分至二〇度一〇分之間，其面積約三萬二千一百九十八平方公里，僅次於臺灣，爲吾國第二大島。東望菲律賓，西瀕東京灣與越南相鄰，南控南洋群島，北隔瓊州海峽與雷州半島對峙。就地理形勢析論，海南與臺灣，乃中國東南海之雙目。從國防戰略觀察，海南係中國最南端海疆屏障～右拳。於是足證，海南在國防戰略上，具有極重要之地位。

政府鑑於海南地位，戰略價值，經濟資源，爲建設瓊崖，開發南疆，鞏固國防。同時廣東一省，土地廣袤，幅

員遼闊，係中國沿海諸省中最廣省份，實有析省分治必要。民國肇造，國父孫中山先生，暨先進梁士詒、陳發檀、徐傅霖、吳鐵城、林格蘭等三十六員，首次建議瓊州改省。次由胡漢民、孫科等先賢提議，請設瓊崖特別區，於民國二十年（1931）十二月七日，國民政府國務會議決議：劃廣東省瓊崖全屬爲特別行政區，直隸國民政府，設行政長官公署，並任命伍朝樞爲行政長官，於民國二十一年（1932）三月一日蒞任，同年四月十六日，在海口市可園設立瓊崖特別區長官公署。迨民國三十六年（1947）年八月，行政院院務會議通過，以瓊崖改爲海南特別行政區，隸屬行政院，於民國三十七年（1948）行政院命令公佈，次年（1949）四月正式成立行政長官公署，派陳濟棠（伯南）將軍爲行政長官。同年六月六日，由總統明令公佈，建海南省，並准在海口成立建省籌備委員會，以籌謀進行改省事宜。惜因當時國內政局突變，影響所及，對進行改制建省，先後三次，皆未能實施，誠屬憾事。迄民國七十七年（1988）四月，海南終於宣布建省，亦係中國大陸第五個經濟特區，並設置各專業開發區，其未來發展前途可期，故海南之地位與重要性，益爲顯著。

　　海南聳立中國南海，屬亞熱帶，氣候溫和，四季如春，花草時發，樹木茂盛，享有〈常綠國〉之稱。尤其天然經濟資源豐富，更有〈南海明珠〉讚譽。由於地處中國南陲海隅，具備其特殊的地理環境、歷史文化、戰略地位，以及自然資產，深受國內外學界重視，暨列強各國覬覦。

　　海南在民國二〇至三〇年（1930～1940）代，尤於二次世界大戰期間，日本意圖以海南作爲侵進南洋各國跳板，特由臺灣總督府、臺北帝國大學（今國立臺灣大學）、臺灣拓殖株式會社等相關機構，派遣學者及科學技術專家，數度組團親往海南及南海諸沙群島，進行實地調查觀察，並著有頗多重要文獻資料，亦就本綜錄論旨精華。

　　本綜錄所蒐集之圖書典籍，多屬國內外文教機構，最罕見稀傳之孤本。同時亦係海南開發建設與學術研究，最具有參考價值，曁不可缺少的重要文獻，包括：參考圖書、定期刊物、學術報告、圖輿、小冊子等資料，計一百九十種。由於個人在國立中央圖書館臺灣分館（前臺灣省立臺北圖書館），從事參考諮詢與閱覽典藏工作二十餘年，尤於近數年來，於讀者服務中，屢次涉及海南及南海諸沙群島問題，除提供相關資訊與亟需資料外，深切體認〈海南〉鄉邦，殊受世人關注與重視。

　　個人乃本諸「愛國愛鄉」熱忱，曁因應各界讀者迫切需要，於服公餘暇，就其近數年來所蒐集之資料與圖片，特將日本昭和二十年（1945）以前，所刊行之日文版單行本，海南文獻圖籍，作有系統規劃，重新整理與查校，編著《日文海南資料綜錄》（具有專題書目性質），以供學術界人士，曁邦人君子研究參考。

　　依據《本綜錄》所列資料顯示，除國立臺灣大學（前臺北帝國大學），曁國立中央圖書館臺灣分館（前臺灣總督府圖書館）外，其他公共圖書館，或文教（研究）機構

庋藏者鮮少，足見「日文海南書刊」藏量有限，惟彌足珍貴，且對「海南」開發建設，暨學術研究，具有莫大助益。深祈邦人君子，以及工商企業與學術界，先進賢達重視與珍惜。

首從日文海南資料分類觀察：本綜錄所著錄之文獻典籍，計有：總類一六種佔8.421％、自然類三十種佔15.790％、實業類五十七種佔30.000％、社會類三十五種佔18.421％、史地類五十二種佔27.368％、共計一百九十種（100％）。於五大類中，以實業類最多，史地類次之，社會類居三，自然類第四，總類殿末。由此顯見，日人對海南經濟資源之重視，暨海南地位在戰略上重要性。

次就日文海南資料內容分析：本綜錄所著錄之圖書資料，依內容酌分二十一簡目，於簡目中列前五目者，依次：地誌目三十種佔15.789％居首、農業目二十七種佔14.210％居次、產業目十五種佔7.895％列第三、植物目十三種佔6.942％為第四，民俗目十一種佔5.789％居第五位。於是體認，海南諸項問題，備受日本學者專家重視，以及研究之偏重比率。

末由日文海南資料分年統計：除未註明出版年份的十二種（實業類四種、社會類二種、史地類六種）外，於大正八年（1907）至昭和十一年（1936）之間，在這漫長的十八年中，僅出版十種（自然類一種、實業類二種、社會類二種、史地類五種），祇佔5.263％，誠見日人對海南尚未注視。惟從資料顯示，於明治四十年（1907）至大正

一年（1912）間，日本東亞同文會與日本上海大同書院，曾派遣師生組隊前往海南實地調查，著有《海南粵西線調查報告書》，凡三卷計四冊（炭素紙複寫手稿本、線裝、索書號碼：7709/B5 V.139～142），足證日本圖謀「海南」早有準備。迨民國二十六年（1937）七月七日，蘆溝橋事變，全面抗日戰爭爆發，海南亦於民國二十八年（1939）二月淪陷。於昭和十二年（1937）至二十年（1945），亦就抗日戰爭爆發，迄日皇（裕仁）宣佈投降，在這八年間，計編印一六九種佔88.947%，顯見日人對「海南」之重視。尤其在昭和十四年（1939）至十九年（1944），亦就日軍全面佔領「海南」期間（計六年），共編印一五七種（平均每年出版二六種以上）佔82.631%，係日本全面經營「海南」時代，最極盛一時者，乃昭和十四年（1939）三七種佔19.474%，十六年（1941）三三種佔17.368%，暨十七年（1942）四十四種佔25.158%，更是彌足珍貴。益顯日本積極開發「海南」之企圖心，期以海南豐富經濟資源，充實日本國力與戰力。

綜觀上列統計及分析說明，莫難瞭解〈日文海南資料〉出版全貌，更能領悟日人極力經營與開發「海南」策略，深信「海南」各項建設，有其發展潛力與條件。個人衷誠地祈求邦人君子，同心協力，共同獻力建設海南外，更期望海內外工商企業家，前往海南投資設廠，充分利用海南豐富的經濟資源，俾使海南真正成為「南海上明珠」。

吾人應深切體認，地方文獻史料之重要性，本綜錄所

列〈日文海南資料〉，不僅是中華文化資產，更是海南文化根源，亦係海南開發建設指針。基於追溯海南文化源流，光大海南先賢懿德，因應學術研究需求，曾編著《海南文獻資料簡介》、《海南文獻資料索引》，於今再編著本綜錄，若對海南開發建設，暨各界人士有所助益，實賴本館前閱覽典藏組主任劉金狗與高碧烈先生協助，無勝感激。

　　本綜錄承蒙國立臺灣師範大學歷史學系教授吳文星博士，提供寶貴意見及賜序，以及文史哲出版社彭正雄先生，不計血本，鼎力協助發行，銘感五中。同時內人邱美妹女士，全力支持，深夜陪伴照料，極當辛勞，無怨無尤，特致謝忱。今逢小犬家昌生辰，謹以此書爲禮，聊表賀忱。

王會均謹識於國立中央圖書館臺灣分館

中華民國八十二年四月五日

凡 例

一、本綜錄所著錄〈海南文獻〉資料，以日文舊籍絕版書刊為範疇，國立中央圖書館臺灣分館庋藏者為主，其他文教機構及學者私人藏書為輔。

二、本綜錄所蒐集之日文海南資料，包括：參考圖書、定期刊物、學術報告、輿圖、小冊子等資料，計一百九〇種。另有四種係屬譯著，或因版本不同，以附號列記。

三、本綜錄編著原則，採體裁與內容兼顧配合原則，計分：總類、自然類、實業類、社會類、史地類等五大類，各類又依性質與內容需要，酌分簡目，俾構成完整體系。

四、本綜錄編著方法，係仿《中國編目規則》，暨參考標準書目基本格式。所著錄之款目，依其次序：編號、書名項、著（譯、編、繪）者項、出版項、稽核項、附註項、叢書註、提要項、庋藏者（索書號碼）。

五、本綜錄所著錄之圖書資料，於各書前端，均編有統一類號。編號係由四位數字組成，各類目自行起迄。其出版年次，係採日本紀元，並於括號中加記西元年代，以利查考。

六、本綜錄附有著者暨書名索引，並依著者（書名）筆劃編排。若筆劃相同者，再按起筆順序：點（、）、橫（—）、直（｜）、撇（ノ）、捺（㇏）排列，查閱方便。

七、本綜錄之編著宗旨，乃本乎〈愛國愛鄉〉熱忱，暨國內外廣眾讀者迫切需要，純爲提供學術研究參考。其圖書資料之性質與內容，並不代表編著者個人之立場與觀點，更不負任何文責。

八、本綜錄係筆者於公餘之暇，從事蒐集、整理、審校、編纂等工作。由於公務繁忙，學識有限，且受時間與空間限制，而資料疏漏或分類欠當，在所難免，敬請學者專家暨邦人君子，以及廣眾讀者指正。

九、資料疜藏單位及簡稱：
國立中央圖書館臺灣分館（臺灣分館）
臺灣省文獻委員會（省文獻會）
國立臺灣大學圖書館（臺大）
國防研究院圖書館（國防研究院）
孫逸仙圖書館（黨史會）
美國國會圖書館（美國國會）
美國史丹福大學胡佛研究所東亞圖書館（美國史大）
美國哈佛大學燕京圖書館（美國燕圖）

一、總　類

㈠、目　錄

1101

海南島ニ關スル文獻目錄

徐炳南編　昭和十四年（1939）四月　上海　滿
鐵上海事務所印行

29面　有表　27公分

（上事資料通報　第九號）

本目錄係滿鐵上海事務所調查室職員徐炳南編稿，
主要內容，計分三部分，細列如次：

一、當資料室所藏單行本ノ部

二、雜誌資料ノ部

三、他書刊載文獻ノ部

　㈠雜誌〈南支南洋〉（十四年三月號）所載海南
　　島文獻（華文）

　㈡CORDIER〈支那書誌〉所藏海南島文獻（歐文
　　）

　㈢丸善〈學燈〉（十四年三月號）所載海南島文
　　獻（歐文）

　㈣其他（歐文）

㽦藏者：

　　　　　美國：國會圖書館　Z3107.H33 M5
　　　　　日本：一橋大學經濟研究所
　　　　　　　　京都大學人文科學研究所
　　　　　　　　國會圖書館（法律圖書館遠東法律部）
　　　　　　　　DLC

1102

海南島關係資料展目錄

　　山本運一編　昭和十四年（1939）五月　臺北　第
一高等女學校地歷研究室印行

　　6面　18公分

　　本目錄蒐集資料範圍，包括：圖書、雜誌、地圖、
物品、動植物標本。計分：地理、文學、其他、參考品
四類。

　　著錄款目依次：書名、著者、發行年月、發行者之
次序編輯。

　　庋藏者：臺灣分館　021/Fd 38-p

1103

南支那文獻目錄（海南島）

　　臺灣總督府外事部編　昭和十八年（1943）四月
臺北　編者印行

　　（61）面　21公分

　　（臺灣總督府外事部調查　第一〇二：總類部門第

五）

　　本目錄內容第五：海南島，資料分類：㈠一般，㈡自然（一般、地理地質、地誌紀行、地圖、動物、植物），㈢文化（歷史、民族、宗教、教育、言語、醫事衛生）㈣政治、法制，㈤經濟、產業（一般、農業、林業、畜產業、水產業、礦業、工業）交通，㈥財政、金融，㈦商業、貿易，㈧其他。　　第八：南海諸島。

　　庋藏者：臺灣分館　　021/BC 168a

（二）、期　刊

1201

海南島

　　（日）昭和十五年（1940）十二月創刊　東京　海南島農林業聯合會印行

　　乙冊　有圖表　19公分　合裝本

　　按《海南島》為月刊，每月發行一次。於第二卷起，由海南島開發協議會東京支部發行。

　　本刊之發行，係以研究海南開發建設問題，暨實況報導為宗旨。主要內容，計分：卷頭話、論著（專題研究）、座談會、調查報告、隨筆集、娛樂（小說）、海南小語及問答等項。

　　目前公（私）保藏者，計有：第一卷：第七號、第九號，第二卷：第六號至第十號（五期），第三卷：第

七號，第四卷：第一號。

庋藏者：臺灣分館　S052/Fd 140

（特輯）

1202

海南島特輯

（日）昭和十四年（1939）三月發刊　東京市　太平洋協會印行

（72）面　有圖表　20公分

本特輯爲〈太平洋〉第二卷第三號（三月號），屬特刊或專刊性質。其內容：除卷頭言：海南島の價值，短波長波：英美對支那投資、卅三年前の買收案、太平洋日誌、本會活動日誌外，計有：論文七篇，依目次，列述於次，以供查考。

海南島占領の軍事的國際的意義　（神川彦松）

海南島の史的考察　（澤田　謙）

海南島概觀　（澁川貞樹）

極東に賭けたるフランスの利害

海南島占據の世界的影響　（太平洋協會調查部）

資源より觀たる海南島　（原田禎正）

黎族の風俗～海南島人

庋藏者：臺灣分館　052/Aa 25

1203

海南島特輯號

　　臺灣時報社編　昭和十四年（1939）三月　臺北市
該報印行

　　乙冊（面數複雜）　有圖表　21公分

　　（臺灣時報　第二三二號）

　　本〈海南島特輯號〉，其主要內容，計有：十二篇
，分列於次：

　　　現下の海南島　　　　　　井上謙吉
　　　海南島の民族　　　　　　石敢當
　　　海南島の交通　　　　　　陳新座
　　　海南島を繞る國際事情　　尾見　昭
　　　海南島外國貿易史　　　　小葉田淳
　　　海南島と倭寇　　　　　　箭內健次
　　　海南島の地質と土壤　　　澁谷紀三郎
　　　海南島の植物資源　　　　田中長三郎
　　　海南島附近の漁場と漁業　與儀喜宣
　　　海南島の科學探險　　　　田中長三郎
　　　海南島動物管見　　　　　堀川安市
　　　蘇東坡と海南島　　　　　黃得時
　　　海南島攻略の反響　　　　編輯部
　　　臺灣と海南島　　　　　　賀來佐賀太郎
　　　（明石總督の海南島開發計畫）
　　　先人の偉業と旅行者　　　增田　信

北海事變と海南島　　　若林修史

豐ガなる海南島　　　　下宮篤之

海南島惡政の一例　　　平山　勳

海南島攻略と蔣介石

海南島と外國の權益

海南島黎族の奇習

海南島要圖

海南島概容　　　　　　鹿又光雄

庋藏者：臺灣分館　0705/51

1204

海南島の現貌

臺灣時報社編　昭和十六年（1941）七月　臺北市該社印行　抽印本

（46）面　有圖表　21公分

本特輯係〈臺灣時報〉（月刊）昭和十六年七月號，屬特刊或專輯性質。其主要內容，計分：

海南島の黎族の農業　　奧田　或

海南島の民俗斷片　　　金關丈夫

海南島の畜產　　　　　山根甚信

海南島のゴム　　　　　田添　元

海南島の植物　　　　　正宗嚴敬

海南島垣のぞき　　　　宮尾しげを

庋藏者：臺灣分館　0705/51

1205

海南島畫輯

　　松本辰雄編輯　昭和十四年（1939）四月　東京
海と空社印行

　　88面　有圖表　24.5公分　精裝

　　按《海南島畫輯》，乃日本東京海と空社，於昭和
十四年四月二十五日發行，〈海と空〉（月刊）臨時號
（第八卷　第五號）。

　　本畫輯主要內容，包括：圖片五十五幀，以及論著
六篇，依目次著錄於次：

　　海南島攻略の意義　匝瑳胤次（海軍少將）

　　海南島事情　　　　小西恆藏（大阪海上火災船舶
查定課長）

　　海南島物語　　　　井上謙吉

　　海南島與國際關係　長谷川了

　　海南島と華僑　　　小口五郎

　　海南島案內記　　　田曙嵐

　　庋藏者：臺灣分館　4846/63

(三)、學術調查報告

1301

海南島學術調查報告（第一回）

　　臺灣總督府外事部編　昭和十七年（1942）六月

臺北 編者印行 合訂本

588面 有圖表 25公分 精裝

（臺灣總督府調查資料 第五十）

按封面題名《臺北帝國大學第一回海南島學術調查報告》

本報告係臺北帝國大學理農學部教職員，組成第一回海南島學術調查團，計分三班，前往海南實地調查（考察）報告。全書主要內容，包括：

第一班（生物學班，計十一人）：海南島の植物相（日比野信一）等九篇。

第二班（農學班，計十一人）：海南島土壤の應用微生物學的研究（足立 仁）等九篇。

第三班（地質學班，計六人）：海南島地質學的觀察（早坂一郎）等四篇。

（參閱各班報告資料簡介）

庋藏者：臺灣分館 040/Bd 97 4846/106

黨史會 981.83/4032.3

1302

海南島學術調查報告（生物學班）

臺灣總督府外事部編 昭和十七年（1942）三月

臺北 編者印行 合訂本

乙冊（面數複雜） 有圖表 25公分

（臺灣總督府外事部調查資料 第五十一）

　　按封面題名《臺北帝國大學第一回海南島學術調查報告　第一班（生物學班）》

　　本報告係臺北帝國大學第一回海南島學術調查團第一班（生物學班），於昭和十五年（1940）十一月十四日至十二月二十三日，由班長日比野信一（植物學教授）領隊，前往海南島實地觀察調查報告。

　　本班次調查地域，包括崖縣、三亞、榆林、黃流、佛羅、長田、北黎、薑園、東方、樂安、昌江、石碌、田獨、保停、籐橋、陵水、萬寧、東山、文昌、清瀾、海口、瓊山等地區。全書主要內容，計有十篇，同以撰著人，著錄如次：

　　第一班（生物學班）の調査成就　日比野信一
　　海南島の植物相　日比野信一　吉川　涼
　　海南島採集植物目錄　正宗嚴敬　福山伯明
　　海南島の防已科植物（豫報）　山本由松
　　海南島の採集植物成就　小田島喜次郎
　　海南島の陸水　原田五十吉
　　海南島の陸水生物（豫報）　原田五十吉
　　穿孔性二枚貝の蝕害成就　原田五十吉
　　海南島の蜻蛉類成就　中條道夫
　　海南島南部の鼠類成就　田中　亮　遠藤　正
　　　（參閱各篇調查報告資料簡介）
　　庋藏者：臺灣分館　040/Bd 97　6504/11

1303

海南島學術調查報告（農學班）

　　臺灣總督府外事部編　昭和十七年（1942）三月

　臺北　編者印行　合訂本

　　乙冊（面數複雜）　有圖表　26公分

　　（臺灣總督府外事部調查資料　第五十二）

　　按封面題名《臺北帝國大學第一回海南島學術調查報告　第二班（農學班）》

　　臺北帝國大學第一回海南島學術調查團第二班（農學班），由班長山根甚信等十一員組成，於昭和十五年（1940）十二月十三日至次年（1941）一月二十七日，前往海南實地考察調查。報告主要內容，計有九篇，其篇名及撰著人，依次著錄如次：

　　海南島土壤應用微生物學的研究　足立　仁撰（2107）

　　海南島の畜產調查報告　加藤　浩撰（3407）

　　海南島農業昆蟲學調查結果報告（第一回）　小泉清明撰（2303）

　　造林學上より見たる海南島の林業　田添　元　森邦彥撰（3306）

　　海南島住民の食品に就ひて　吉村貞彥撰（4404）

　　海南島產食品の應用微生物學研究　吉村貞彥撰（4405）

　　海南島の農作物調查報告　寺林清一郎撰（3212）

海南島住民の人類學的研究調査（豫報）　金關丈夫撰（4103）

海南島黎族の一部につひて　宮本延人撰（4107）

（參閱各篇報告資料簡介）

庋藏者：臺灣分館　040/Bd 97

1304

海南島學術調查報告（地質學班）

臺灣總督府外事部編　昭和十七年（1942）三月

臺北　編者印行　抽印本

46面　有圖表　26公分

（臺灣總督府外事部調查資料　第七十三）

按內封題名《第三班（地質學班）報告》，係臺北帝國大學第一回海南島學術調查團第三班（地質學班），於昭和十六年（1941）二月十三日至三月三十一日，由班長早坂一郎（地質學教授）領隊，前往海南島實地考察調查報告。

本班次調查地域，包括：海口、瓊山、文昌、瓊東、樂會、萬寧、陵水、崖縣、三亞、感恩、東方、昌江、石碌、儋縣、那大、白沙、保停、樂東等縣市。調查報告主要內容，以及撰著人，依序分述如次：

（海南島）調查旅行日程　早坂一郎

（海南島）地質學的觀察　早坂一郎

（海南島）岩石及礦物　　市村　毅

（海南島）地理學的所見　富田芳郎

（海南島地質）概括　　　早坂一郎

（參見《海南島の地質に就いて》簡介）

庋藏者：臺灣分館　040/Bd 97　673/28

1305

海南島學術調查報告（第二回）

臺灣總督府外事部編　昭和十九年（1944）三月
臺北 編者印行　合訂本

186面　有圖表　26公分　精裝

（臺灣總督府外事部調查　第一一七：一般部門第
三十三）

按封面題名《臺北帝國大學第二回海南島學術調查
報告》

本報告係臺北帝國大學理農學部職員十八人為主體
，組成第二回臺北帝國大學海南島調查團，計分三班，
於昭和十七年（1942）二月至三月（約四十天）間，前
往海南島實地觀察調查報告。全書主要內容，計有：

第一班（經濟及民族關係班）：海南島三亞回教徒
の人類學的研究（忽那將愛）等三篇。

第二班（理農學班）：海南島氣象調查報告（森永
元一）等六篇。

第三班（農藝化學班）：海南島の植物性纖維資源
の概要に就いて（大野一月）等三篇。

　　　（參閱各班調查報告資料簡介）
　　庋藏者：臺灣分館　040/Bd 97a

1306

海南島學術調查報告（經濟及民族關係班）

　　臺灣總督府外事部編　昭和十九年（1944）三月
臺北　編者印行

　　（35）面　有圖表　25公分

　　（臺灣總督府外事部調查　第一一八：資源自然部
門　第三十四）

　　按封面題名《臺北帝國大學第二回海南島學術調查
報告　第一班（經濟及民族關係班）》，係臺北帝國大
學海南島學術調查團，前往海南實地觀察調查報告，主
要內容，計有三篇。

　　海南島三亞回教徒の人類學的研究　　忽那將愛
　　海南島支那人の生體人類學的研究　　忽那將愛
　　　　　　　　　　　　　　　　　　　酒井　堅
　　海南島寺廟神にする――考察　　　　宮本延人
　　　（參閱各篇報告資料簡介）
　　庋藏者：臺灣分館　040/Bd 97a

1307

海南島學術調查報告（理農學班）

　　臺灣總督府外事部編　昭和十九年（1944)三月

臺北 編者印行

164面 有圖表 25公分

（臺灣總督府外事部調查 第一一九：資源自然部門 第三十五）

按封面題名《臺北帝國大學第二回海南島學術調查報告 第二班（理農學班）》

本報告係臺北帝國大學第二回海南島學術調查團第二班（理農學班），由班長小泉清明（理農學部助教授，昆蟲學）領隊，於昭和十七年（1942）三月五日至二十七日，前往海南島各地考察調查報告。

本班次調查地域，包括：那大、福山、南辰、和盛、石碌山、北黎、感恩、黃流、九所、崖縣、南山嶺、三亞、田獨、藤橋、陵水、南橋、興隆、萬寧、和樂、龍滾、中原、嘉積、新市、嶺口、龍塘、屯昌、羊角嶺、加買村、瓊東、長坡、文昌、海口等地區。報告主要內容，依篇名及撰著人，分述如次：

第二班（理農學班）の調査成就 小泉清明

海南島氣象調查報告 森永元一

海南島の農作物調查報告（第二回） 寺林清一郎

海南島に於ける森林調查 中山二郎 水戶野武夫

海南島鼠類の研究 田中 亮

海南島農業昆蟲學的調查結果報告（第二回） 小泉清明 柴田喜久雄

（參閱各篇報告資料簡介）

1308

海南島學術調查報告（農藝化學班）

　　臺灣總督府外事部編　昭和十九年（1944）三月
臺北　編者印行

　　（23）面　有圖表　25公分

　　（臺灣總督府外事部調查　第一二〇：資源自然部
門　第三十六）

　　按封面題名《臺北帝國大學第二回海南島學術調查
報告　第三班（農藝化學班）》

　　本報告係臺北帝國大學第二回海南島學術調查團第
三班（農藝化學班），由班長大野一月（助教授）等五
人組成，於昭和十七年（1942）二月二十二日至四月一
日，前往海南各地考察調查報告。

　　本班次調查地域，包括：海口、嘉積、中原、萬寧
、興隆、南橋、陵水、藤橋、三亞、崖縣、九所、感恩
、北黎、和盛、南辰、那大、加來、白蓮、澄邁、文昌
、清瀾、定安、秀英等地區。報告主要內容，計有三篇
，依篇名及撰著人，著錄如次：

　　第三班（農藝化學班）の調查成就　大野一月

　　海南島の植物性纖維資源の概要　　大野一月

　　海南島に於けるタンニン及油脂資源に關する調查
報告　　　　　　　　　　　　　　石井　稔　馮全裕

海南島糖業調查報告　　　　平尾新三郎
（參閱各篇報告資料簡介）
庋藏者：臺灣分館　040/Bd 97a

二、自然類

㈠、地　質

2101

海南島の地質に就いて

　　早坂一郎撰　昭和十七年（1942）四月　臺北　臺
灣總督府外事部印行　抽印本

　　46面　有圖　25公分

　　（臺灣總督府外事部調查資料　第七十三）

　　本報告係臺北帝國大學第一回海南島學術調查團第
三班（地質學班），於昭和十六年（1941）二月十三日
至三月三十一日，由班長早坂一郎（教授）領隊，前往
海南各地觀察，採集標本，調查報告。

　　本班次調查地域，包括：瓊山、海口、文昌、瓊東
、樂會、萬寧、陵水、崖縣、三亞、感恩、昌江、儋縣
、保停、白沙、樂東等縣市。報告主要內容及撰著人如
次：

　　一、調查旅行日程　早坂一郎
　　二、地質學的觀察　早坂一郎
　　三、岩石及礦物　　市村　毅
　　四、地理學的所見　富田芳郎
　　五、概括　　　　　早坂一郎

　　　　庋藏者：臺灣分館　673/29

2102

第二次海南島地質調查報告（第一班）

　　　　經濟調查委員會調查部鑛床地質調查室編　昭和十
九年（1944）二月　東京　編者印行

　　　　33L(表)　極秘（印30）

　　　　（保 NO.914　調鑛調34　乙資分321～39）

　　　　庋藏者：美國國會圖書館法律圖書館遠東法律部
　　　　　　　　（DLC）

2103

第三次海南島地質調查報告

　　　　經濟調查委員會調查部鑛床地質調查室編　昭和十
九年（1944)二月　東京　編者印行

　　　　57L（表）　極秘（印30）

　　　　（保 NO.645　調鑛調35　乙資分321～40）

　　　　庋藏者：美國國會圖書館法律圖書館遠東法律部

2104

海南島の地質、鑛產

　　　　石井清彥　飯本信之撰　昭和十七年（1942）六月
東京　ダイセモンド社印行　抽印本

　　　　（26）面　有圖　21公分

　　　　（南洋地理大系　第二卷）

　　本篇係撰者於昭和十四年（1939）二月，前往海南實地調查本島地質狀態、鑛產資源，以及利用價值之分析結果。主要內容計分：地質（水成岩、火成岩）、鑛產（金銀鑛、砂金鑛、錫鑛、銅鑛、鉛鑛、鐵鑛、滿俺鑛、重石鑛、石炭岩、珪砂、陶石等十四種鑛源）兩大部份。其中附繪：海南島鑛產資源分布圖、海南島地質圖、田獨鐵山鑛床平面圖等三幅，以供參考。

　　厦藏者：臺灣分館　7709/G 7-2

2105

海南島石碌鐵山開發誌

　　河野司編著　昭和四十九年（1974）十一月　東京石碌鐵山開發誌刊行會印行

　　582面　有圖表　22公分

　　海南於昭和十四年（1939）二月，日軍佔領後，日本窒素肥料株式會社，暨日窒海南興業社，數次調查結果，發現石碌鐵山藏量豐富，決意先建鐵道、電力、港灣等開發準備（基礎）建設工程。

　　本書著者河野司在海南島海軍特務部約二年勤務期間，親身經歷石碌鐵山開發事業，於戰後特就其開發經過資料、紀錄、圖片等，重新蒐集及整理，編著〈石碌鐵山開發誌〉刊行。全書主要內容，計分：

　　第一部　開發記錄編　包括：日本窒素と海南島開發、石碌鐵山發見與第二次調查、海南島の鐵礦石、石

碌銅山沿革、海南事業所開所、三亞發電所與水道工事
、石碌山元開發經過概要、八所港灣工事經過與全貌、
八所至石碌間鐵道工事概要、東方水利發電所建設工事
經過概要～石碌鐵山動力源、八所事業本部開所終末～
東京本社、八所港荷役與鑛石積出實績及狀況，石碌鐵
山開發工事的勞働力、病院施設與經過概要，農林部顚
末記、日中青少年訓練所記、建築用資材製材及煉瓦工
場、海南島軍用鐵道與石碌、石碌開發資金、開發末期
終戰處理期概要、食糧生產隊始末、最後渡船與最後歸
國船～最後渡島者：林副社長、戰犯，東京本社終戰處
理～大竹港解散、戰敗與海軍省軍務局及海南島事業～
海南島進出民間事業全容，戰後石碌鐵山現況等二十六
項。

第二部　開發隨想編　包括：海南島生活（中沢五
郎）、金木犀～青年訓練生的手記（佐佐木良助）、若
い看護婦の記錄（青砥信子）、海南島最後の引揚船～
滿州丸思出記（麻田二郎）、隨想記（河野司）等五篇
。

附錄：參考文獻、資料提供者及協力者、職制、海
南島石碌鐵山開發年表，以及海南島各地圖等，以供研
究參考。

庋藏者：美國哈佛大學燕京圖書館　J4438/3610

海南島の土地改良

八田與一撰　　昭和十六年（1941）九月　臺北
臺灣總督府外事部印行

25面　有圖表　22公分

（海南島農林業開發參考資料　第四號）

本篇封面題名：殖產局調查團報告書四（土地改良
），係臺灣總督府技師八田與一，於殖產局海南島農林
業調查團第二班，昭和十五年（1940）十一月十四日至
十二月廿三日，在海南實地調查之報告書。

全書主要內容，計分：地質及土壤、氣候、土地改
良方針、海南島農林地の現況、海南島農林地帶の將來
等五項。

庋藏者：國立中央圖書館臺灣分館　409/Bd 1 V.4

2107

海南島土壤の應用微生物學的研究

足立 仁撰　昭和十七年（1942）四月　臺北　臺灣
總督府外事部印行　抽印本

（174）面　有圖表　25公分

（臺灣總督府外事部調查資料　第六十四）

本篇係臺北帝國大學第一回海南島學術調查團第二
班（農學班）調查報告，乃著者於海南各地觀測，調查
實驗記錄資料，整理分析編著成篇。

全書主要內容，包括：緒論、實驗供試資料，實驗

方法、實驗結果，海南島土壤の土地生產力の論議及總括，參考文獻等六部份。

　　庋藏者：臺灣分館　040/Bd 97　9142/20

2108

海南島の陸水

特にその化學的性質に就いて

　　原田五十吉撰　昭和十七年（1942）三月　臺北
臺灣總督府外事部印行　抽印本

　　7面　有圖　26公分

　　（臺灣總督府外事部調查資料　第五十）

　　本篇係臺北帝國大學第一回海南島學術調查團第一班（生物學班），乃著者（動物學、助教授）於昭和十五年（1940）十一月十四日至十二月二十三日，前往海南實地觀察調查報告。

　　本次調查海南陸水範圍，包括：榆林、田獨鐵山、三亞、陵水、萬寧、保亭、黃流、感恩、樂安、崖縣、九基、竹鹿、瓊山、海口市、藤橋溫泉等地區。

　　本文從陸水學角度，採集海南各地水標本，研究陸水の化學的特質。主要內容計分：水の硬度、C1-容量、硅酸、結論等四項，就其地下表及地表水、分別以四種統計圖表示之。

　　庋藏者：臺灣分館　040/Bd 97

㈡、氣　象

2201

海南島氣象表

白鳥勝義撰　昭和十三年（1938）七月　臺北
臺灣總督府殖產局印行

45面　有圖表　26公分

本篇係臺灣總督府殖產局農務課，於昭和九年至十
一年（1934～1936），在三年間，每日八次定時（三時
、六時、九時、一二時、一五時、一八時、二一時、二
四時）、定地之觀測結果。主要內容，計分二部份：

一總括概況表（昭和九～十一年），著錄項目依次
：氣壓及氣溫、關係溫度及水蒸氣張力、風力階級及雲
量、風向分布表。

二觀測表（海口氣象觀測表），每月按日依氣壓、
氣溫、氣溫較差、水蒸氣張力、關係溫度、雲量、降水
量、降雨繼續時間、風（最多風向、平均風力階）等九
項。

庋藏者：臺灣分館　8406/Fd 1-p

2202

海南島氣象調查報告

森永元一撰　昭和十七年（1942）四月　臺北
臺灣總督府外事部印行　抽印本

（45）面　有圖表　25公分

（臺灣總督府外事部調查　第一一七：一般部門第三十三）

　　本篇係臺北帝國大學第二回海南島學術調查團第二班（理農學班），乃著者於海南島實地蒐集氣象資料，所撰調查報告。全文主要內容，包括：緒論、海南島の位置及地形、太陽氣候、氣壓、氣溫、雨量、降水日數、關係溫度、水蒸氣張力、蒸發量、颱風、氣象表。

　　附錄：平均氣溫、最高氣溫、最低氣溫、降水量、降水日數、關係溫度、颱風經路圖等七種圖表，以供研究參考。

　　庋藏者：臺灣分館　040/Bd 97a

㈢、動　物

2301

臺北帝國大學海南島學術調查團
～第一班（生物學班）の調查に就いて

日比野信一撰　昭和十七年（1942）四月　臺北

臺灣總督府外事部印行　抽印本

　4面　有圖表　25公分

（臺灣總督府外事部調查資料　第五十五）

　　本篇係臺北帝國大學第一回海南島學術調查團第一班（生物學班），班長日比野信一（植物學教授）等十

一人，於昭和十五年（1940）十一月十四日至十二月二十三日，前往海南各地觀察調查報告。

本班次調查地域，包括：崖縣、三亞、榆林、黃流、佛羅、長田、北黎、薑園、東方、樂安、昌江、石碌、田獨、保停、籐橋、陵水、萬寧、東山、文昌、清瀾、海口、瓊山等地區。其調查方法，採集動物、鳥類、哺乳類、昆蟲類、植物等生標品，製作成標本，以及寫眞（圖片），以供研究參考。

庋藏者：臺灣分館　040/Bd 97

2302

海南島の動物概說

平板恭介撰　昭和十七年（1942）四月　臺北　臺灣總督府外事部印行　抽印本

8頁　有圖表　25公分

（臺灣總督府外事部調查資料　第五十四）

本篇係臺北帝國大學第一回海南島學術調查團第一班（生物學班），乃著者於昭和十五年（1940）七月中旬，親赴海南實地觀察調查報告。

本次調查海南之動物分布，並採集標本。主要內容計分：哺乳類、鳥類、爬蟲類、兩棲類、魚類、介類、昆蟲及其他等七大類。同時附有圖片，以供研究參考。

庋藏者：臺灣分館　040/Fd 97　6614/7

2303

海南島農業昆蟲學的調查結果報告（第一回）

小泉清明撰　昭和十七年（1942）四月　臺北　臺灣總督府外事部印行　抽印本

47面　有圖表　25公分

（臺灣總督府外事部調查資料　第六十六）

本篇係臺北帝國大學第一回海南島學術調查團第二班（農學班），乃著者於海南實地觀察，調查紀錄資料，整理、統計、分析之結果報告。

全書主要內容，包括：海南島の氣象表，海南島の生物環境と昆蟲特に害蟲の生態との關係，海南島の農作物害蟲，海南島のテグスに就いて等四篇。

庋藏者：臺灣分館　914/17

2304

海南島農業昆蟲學的調查結果報告（第二回）

小泉清明　柴田喜久雄撰　昭和十九年（1944）三月　臺北　臺灣總督府外事部印行　抽印本

17面　有圖表　25公分

（臺灣總督府外事部調查　第一二八：資源第四十一）

本篇係臺北帝國大學第二回海南島學術調查團第二班（理農學班），乃著者於海南島實地觀測，調查結果報告。主要內容計分：昆蟲生活環境としての海南島土

壤の物理學的性質，海南島の農作物害蟲，海南島のテ
グヌに就いて等三篇。

　　庋藏者：臺灣分館　040/Bd 97a

2305

海南島の蜻蛉類に就いて

　　中條道夫撰　昭和十七年（1942）四月　臺北　臺
灣總督府外事部印行　抽印本

　　22面　有圖表　25公分

　　（臺灣總督府外事部調查資料　第六十一）

　　英文篇名：Odonata of Hainan

　　本篇係臺北帝國大學第一回海南島學術調查團第一
班（生物學班），乃著者於海南島實地觀察調查，搜集
昆蟲（蜻蛉類）標本，詳加研究分析，撰著成篇。

　　全文主要內容，計分：緒言、海南島產蜻蛉類の研
究史、海南島昆蟲類一般地理分布，以及蜻蛉類分布表
。

　　庋藏者：臺灣分館　040/Bd 97

2306

海南島南部の鼠類に就いて

　　田中　亮　遠　藤正撰　昭和十七年（1942）四月
　臺北　臺灣總督府外事部印行　抽印本

　　7頁　有圖表　25公分

（臺灣總督府外事部調查資料　第六十二）

本篇係臺北帝國大學第一回海南島學術調查團第一班（生物學班），乃著者於海南實地採集紀錄，包括：萬寧、崖縣、三亞、保停、南橋、東方、玉壘、以及海南島中央部之高山地區。

全文主要內容，計分：哺乳類（鼠科分六型），鳥類（計分二〇科）、爬蟲類（毒蛇）等三大類。並附錄：鳥類、爬蟲類採集紀錄及圖片，以供參考。

庋藏者：臺灣分館　040/Bd 97

2307

海南島鼠類の研究

田中　亮撰　昭和十九年（1944）三月　臺北　臺灣總督府外事部印行　抽印本

19面　有圖表　25公分

（臺灣總督府外事部調查　第一二七：資源第四十）

本篇係臺北帝國大學第二回海南島學術調查團第二班（理農學班），乃著者於海南實地調查，搜集標本，並從遺傳進化學、生物地理學、生態學、應用動物學、農林業衛生學等角度，觀測分析結果報告。

全文主要內容，包括：緒言、研究に對する吾人の基礎概念，海南島鼠類の研究史，海南島に於ける鼠科動物相の現況，海南島及臺灣產 Rattus Losea に於け

る變異統計學的比較分析，總括等六項。

　　庋藏者：臺灣分館　　040/Bd 97a

(四)、植　物

2401

海南島經濟植物目錄

　　鈴田　嚴撰　昭和十四年（1939）八月　　臺北　臺灣農友會印行　抽印本

　　（30）面　有表　21公分

　　（臺灣農事報　第三十五年第十號　別刷）

　　本篇係編譯梁向日著《海南島經濟植物目錄》，於民國二十五年（1936）十一月，農聲（月刊）第二〇〇及二〇一期合刊（廣州中山大學農學院刊行）。以中日文，依科名、種名、學名（日文屬名）、用途（材用、工藝、食用、藥用、觀賞、在邦回）等款目，列表著錄。

　　　附錄：最近海南經濟植物每年產量及其概價表，民國二十三年（1934)海南木材價值表（木材價目以每株計算，每株度數：長一二英尺、厚一英尺、高一英尺），以供參考。

　　庋藏者：臺灣分館　　8703/Fd 23

2402

海南島採集植物目錄

正宗嚴敬　福山伯明撰　昭和十七年（1942）四月
臺北　臺灣總督府外事部印行　抽印本

14面　26公分

（臺灣總督府外事部調查資料　第五十七）

本篇係臺北帝國大學第一回海南島學術調查團第一
班（生物學班），於昭和十五年（1940）十一月十四日
至十二月二十三日，前往海南實地調查報告。

本次調查地域，係東南部萬寧附近熱帶多雨植相，
曾以《海南島の植物》篇名，於〈臺灣時報〉（第二十
三卷第七號）發表。

採集植物目錄，計分：羊齒植物(Pteridophyta)門
七科。種子植物(Spermatophyta)門～裸子植物(Gym-
nospermae)一科，被子植物(Angiospermae)又分：雙子
葉植物(Dicotyledoneae)計九〇科、單子葉植物(Mon-
ocotyledoneae)計十九科。共二門二亞門，二綱一一七
科。

每種植物著錄款目，依次：學名（分英文名、日文
名）、產地、採集人、編號等四項。

庋藏者：臺灣分館　040/Bd 97

2403

海南島植物誌 I

山本由松撰　海南海軍特務部政務局編　昭和十八

年（1943）四月　臺北　臺灣日日新報社印行

37面　25公分

（黎族及其環境調查報告　第一輯）

英名題名：Contributiones Ad Floram Kainant-
ensis

本篇係著者任海南海軍特務部調查囑記員，於昭和
十七年（1942）三月五日至五月五日，在海南西部奧地
黎界，暨臺北帝國大學第一回海南島學術調查團生物學
班，昭和十五年（1940）十一月十四日至十二月二十三
日，海南東部（萬寧附近）及西部（北黎、石碌方面）
，實地觀察採集標本之調查報告。

全篇主要內容，計分四部份，依次：(1)序，(2)海南
島の植物地理學的考察，(3)海南島植物誌料Ｉ（第一輯）
の概說：①日文解說、②英文解說，(4)海南島の植相概
觀：①位置、面積、地貌，②植相概觀（西南部）：㈠
海岸林㈡散樹草原㈢闊葉樹林。

庋藏者：臺灣分館　6654/35

2404

海南島植物誌

正宗嚴敬編　昭和十八年（1943）十二月　臺北
臺灣總督府外事部印行

443面　有圖表　27公分

（臺灣總督府外事部調查　第一四二：資源・自然

部門　第四十九）

英文書名：Flora Kainantensis

本篇係著者於海南島實地觀察採集及調查研究結果，主要內容計分：地理、海南島植物研究略史、植相、植物區系、參考文獻、海南島植物目錄、追補、屬名及其他の索引與和名索引等七項。

海南島植物目錄，排列次序：苔蕨植物門：シダ綱，顯花植物門：裸子植物亞門、被子植物亞門～雙子葉綱又分離瓣花區及合瓣花區、單子葉綱等二門二亞門三綱二區。共六四六科、三三三九屬、九四八二種。

每種著錄款目，依次：英文學名（資料來源及年代）、日文名、產地、分布等四項。

庋藏者：臺灣分館　375.237/1364（新店書庫）

2405

海南島植物總覽

田中長三郎　小田島喜次郎撰　昭和十三年（1938）十二月　臺北帝國大學印行　抽印本

（46）面　有圖表　25公分

（熱農誌　第二十四號　第十卷第四期　別刷）

英文題名：A Census of Hainan Plonts

本篇採英日文并用，係臺北帝國大學〈熱農誌〉（第十卷第四期）別刷（抽印本）。其主要內容，包括：總論、海南植物表（正文）、參考資料、類科索引四部

份。

　　本篇內〈海南植物表〉，計有：羊齒植物(Pteri-dophyta)十五科、種子植物（Spermatophyta)又分裸子植物(Gymnospermae)五科、被子植物(Angiospermae)再分：雙子葉植物(Dicotyledoneae)一三一科、單子葉植物(Monocotyledoneae)二十九科。

　　庋藏者：臺灣分館　8703/Bd 1-p

2406

海南島の科學探險

　　田中長三郎撰　昭和十四年（1939）二月　臺北臺灣時報社印行　抽印本

　　8面　21公分

　　（臺北帝國大學理農學部園藝學教室論評　第五十四　臺灣時報二三二號　別刷）

　　本篇係與《海南島の植物資源》合訂成單行本，主要內容計分：一序言，二初期の探險，三兩ヘンリーの踏查，四嶺南大學の快舉，五最近の調查，六臺灣と海南島調查等六項。

　　庋藏者：臺灣分館　424/Bd 1-p

2407

海南島の植物地理學上よりの－－考察

　　正宗嚴敬撰　昭和十四年（1939）九月　東京　日

本生物地理學會印行　抽印本

（44）面　有表　23.5公分

（日本生物地理學會會報　第九卷第十九號）

本篇係臺北帝國大學理農學部植物學正宗嚴敬教授，於海南島植物地理學上考察，在實地採集植物標本，計有裸子植物（Gymnospermae）六科，被子植物（Angiospermae）一六七科。著錄方式，係以英文類、科、名、以及行政區域（臺灣、比律賓、交趾支那），分別列表統計，以供參考。

庋藏者：臺灣分館　875/Fd 3-p

2408

海南島の防已科植物（豫報）

山本由松撰　昭和十七年（1942）三月　臺北　臺灣總督府外事部印行　抽印本

21面　有圖表　26公分

（臺灣總督府外事部調查資料　第五十八）

本篇採英日對照，係臺北帝國大學第一回海南島學術調查團第一班（生物學班），於昭和十五年（1940）十一月十七日至十二月十八日，前往海南島東部、南部及西部地方，實地調查採集防已科植物標本計十六種，並附圖解說（諸如：日文、英文學名、生態）。

全篇主要內容，依次：序說（研究略史、本調查結果、海南島植物地理學的考察）、解說（附圖、日文及

英文學名、環境生態、產地分布）、附記，以及主要參考文獻等四項。

　　　庋藏者：臺灣分館　040/Fd 97

2409

海南島の採集植物に就いて

　　　小田島喜次郎撰　昭和十七年（1942）三月　臺北　臺灣總督府外事部印行　抽印本

　　　7面　有圖　26公分

　　　（臺灣總督府外事部調查資料　第五十九）

　　　本篇係臺北帝國大學第一回海南島學術調查團第一班（生物學班），乃著者前往海南島東部保亭萬寧，西部石碌山、東方、樂安等地區，實地調查觀察，採集植物標本一五〇〇種四五〇〇枚。計分：羊齒植物七科，顯花植物一〇二科（雙子葉植物八十四科、單子葉植物十八科），共一〇九種。

　　　全篇主要內容，計分：序說、採集植物成就、新發見的海南島植物、觀賞植物，以及結論等五部份。

　　　庋藏者：臺灣分館　040/Fd 97

2410

海南島の植物相

　　　日比野信一　吉川　涼撰　昭和十七年（1942）四

月　臺北　臺灣總督府外事部印行　抽印本

（61）面　有圖及照片　26公分

（臺灣總督府外事部調查資料　第五十六）

英文題名：Vegetation of Hainan Islands.

本篇係臺北帝國大學第一回海南島學術調查團第一班（生物學班），乃著者於海南實地觀測調查，採集各種植物標本，並參考有關文獻，撰著成篇。

全書主要內容，依次：序言、海南島の氣象と土壤の概容、海南島の植物相の生態群系，以及概約等四大部份。同時附錄：寫眞圖（照片），以供參考。

庋藏者：臺灣分館　040/Fd 97

　　　　新店書庫　375.2/6262

2411

海南島の植物資源

田中長三郎撰　昭和十四年（1939）二月　臺北臺灣時報社印行　抽印本

7面　21公分

（臺北帝國大學理農學部園藝學教室論評　第五十五　臺灣時報二三二號　別刷）

本篇係與《海南島の科學探險》，合訂成單行本。全文主要內容，計分：一、食糧農作物資源，二、換貨農作物資源，三、企業作物資源，四、森林資源，五、海南島の一般植物界等五項。

庋藏者：臺灣分館　424/Fd 1-p

2412

海南島の植物

　　濱井生三撰　昭和十五年（1940）六月　東京　東亞研究所印行（增補訂正版）　抽印本

　　（155）面　有表　25公分

　　（資料乙　第一號 C）

　　本篇書名頁題名《海南島植物目錄》，係日本東亞研究所第一部自然科學班濱井生三，於昭和十四年（1939）二月間，前往海南實地調查蒐集資料，加以整理編纂成帙，並由臺北帝國大學理農學部植物分類生態學教室，正宗嚴敬教授校閱。

　　全書主要內容，除序文、凡例、海南島の植物概況外，正文部份計有：羊齒植物（Pteridophyta）門十五科、種子植物（Spermatophyta）門，包括：裸子植物（Gymnospermae）亞門五科；被子植物（Angiospermae）亞門：雙子葉植物（Dicotyledoneae）綱又分：離瓣花植物（Archichlamydeae）區一一七科、合瓣花植物（Metachlamydeae）區三五科，單子葉植物（Monocotyledoneae）綱三〇科。共分二門、二亞門、二綱、二區，計二〇二科。

　　各科植物著錄款目，依次：英文（種名及科名）學名（括弧內記有假名、日本名、中國名、海南土名）、

材用（分別以重、稍重、輕等級表示之）、用途（諸如
：家具、建築、用具、觀賞）等三項，詳加註記。

　　庋藏者：臺灣分館　6654/25

2413

海南島の植物性纖維資源の概要に就いて

　　大野一月撰　昭和十八年（1943）一月　臺北　臺
灣總督府外事部印行　抽印本

　　2面　有表　25公分

　　本篇係臺北帝國大學第二回海南島學術調查團第三
班（農藝化學班），乃著者於昭和十七年（1942）二月
二十二日至四月一日，前往海南各地調查報告。

　　本次調查地域及蒐集標本資料，包括：五指嶺水麻
及火索麻樹、崖縣拜本村乳漿樹及倒吊筆、崖縣黃金山
山綿花、儋縣沙熨山牛樹、五指嶺松樹及馬尾松，以及
臨高縣蓮花山松樹等地區，計五科十一種。並採表列方
式，著錄款目依次：和名、海南島名、支那名、科名、
產地、摘要等六項。

　　庋藏者：臺灣分館　040/Bd 97a

三、實業類

(一)、產　業

3101

海南產業株式會社……寫真帖

龍江義信編　昭和五年（1930）六月　東京　海南
產業株式會社印行

乙冊（未標頁數）　有圖表及照片　19×26公分（
橫本）　精裝

封面題名《海南產業株式會社創立滿十年紀念寫眞
帖》

按「海南產業株式會社」，創立於大正九年（1920
）六月，屬海外拓植事業性質，並設有關係事業會社，
以及代理店業務、附帶事業，以作多元化經營拓植。本
冊係該株式會社成立十週年紀念刊物，全書寫眞圖片五
十四幅，並附有：日文說明，以供參考。

庋藏者：臺灣分館　776/Bd 26

3102

海南島產業概觀

（日）東亞研究所編　昭和十四年（1939）　東京
該研究所印行　騰寫本（打字油印本）

　　30面　有圖表　25公分　線裝

　　（東亞研究所自然科學班　自然資源第六）

　　本篇係東亞研究所自然科學班學員研究報告，主要
內容計有三篇，分由學者專家執筆撰著，依次：

　　第一篇　地質及鑛產　橋本　亘撰

　　第二篇　農業　　　　中田吉雄撰

　　第三篇　鹽業及水產業　柴田玉域撰

　　庋藏者：臺灣分館　904/98

3103

產業上ョソ視タル海南島

　　是安正利撰　昭和十五年（1940）三月　大連　南
滿洲鐵道株式會社調查部印行

　　（215）面　有地圖　26公分

　　本報告書列爲「極秘」件，乃執筆者參考臺灣總督
府官房外務部印行《海南島誌》，暨南洋協會臺灣支部
發行《海南島》，以及執筆者親往海南實地視察，獲得
資料整理著作成書。

　　全書主要內容，計分十一大類，共八十五目，依目
次著列於次：

　　㈠總論　㈡面積卜人口

　　㈢鑛業：鐵鑛、金鑛、金銀鑛、銀鑛、銀鋁鑛、錫
鑛、鋁鑛、銅鑛、汞鑛（水銀）、銻鑛、錳鑛（滿俺）
、石墨（黑鉛）、高陵土、硫磺鑛、石灰石、雲母片、

石炭、泗頁岩、硅、化石、電氣石、珊瑚

㈣農業：米、甘蔗、甘藷（蕃薯）、落花生、瓜種、豆類、芝麻、玉蜀黍、薏米、藍、椰子、護謨、檳榔、珈琲、益智（藥草）、艾（藥草）、莨薑、煙草、茶、蓆草、蔬菜類、龍眼、荔枝、波蘿蜜、鳳梨、黃麻、柑橘、芒果、五斂、雞矢果、黃皮果、芭蕉、蓮子、棉花

㈤蠶業：家蠶、野蠶

㈥牧畜：牛、豚、羊、馬、雞、其他

㈦林業

㈧水產：海水產、淡水產

㈨工業：糖業、製油業、製革業、製鹽業、橡皮工業、罐詰業、窯業、炭業、椰殼業、印刷業、牛皮器、織布業、鞋業、權度業、製冰及汽水業、石鹼業、玻璃業、燒青業（七寶燒）、其他

㈩電燈

(十一)鐵道計畫

附錄：計有十二種，列記如次：

1.農業林業上ヨリ見タル海南島

2.事變後ノ農業計畫

3.海南島ノ土壤概要

4.海南島ニ於ケル農政委員會

5.海南島農業實施計畫

6.副業的農作物表

7.海南島移民計畫

8.海南島土壤分析表

9.海南島ニ於ケル護謨事業ニ就テ（明治製糖）

10.海南島農業調查概要及附記（海南產業株式會社
）

11.海南島錫鑛事業展望（陸軍輜重兵中尉　大內一
三）

12.海南島出張報告書（南支派遣軍調查班囑託　松
尾弘）

庋藏者：美國國會圖書館　HC 428.H24 M55

3104

海南島の產業

井出季和太撰　昭和十七年（1942）六月　東京
ダイセモンド社印行　抽印本

（32）面　有圖表　21公分

（南洋地理大系　第二卷）

本篇係〈南洋地理大系〉第二卷中一篇，主要內容
，除鑛業另有專論外，包括：農業（耕地及農戶、農產
品：米稻、甘蔗、甘藷、椰子、護謨、珈琲、鳳梨、檳
榔、益智、煙草、黃麻、落花生、棉花、野蠶及柞蠶、
畜產）、林業、漁業、鹽業、工業（糖業及其他工業）
等五項重要產業。

庋藏者：臺灣分館　7709/G 7-2

3105

海南島一周產業經濟視察記

山崎光夫撰　昭和十七年（1942）十二月　臺北
臺灣總督府外事部印行　抽印本

62面　22公分

（臺灣總督府外事部調查　第八十七號　一般部門
第十二）

本篇係〈南支南洋時報〉特別號別刷（抽印本），
原由撰者暨臺灣進出商社代表：八十川清（東光株式會
社代表取締役、臺北市會議員）等五人同行，於昭和十
七年（1942）八月十四日至二十四日，前往海南島各地
：海口、那大、北黎、石碌、八所、三亞、榆林、陵水
、嘉積等地視察。

全篇主要內容，包括：那大市概況、北黎市概況、
石碌鐵山概況、八所築港概要、鹽業概況、臺拓榆林支
店事業概況、臺拓煉瓦工場、陵水市概況、臺拓農場事
業概況、嘉積市並に同地概況。

庋藏者：臺灣分館　400/Fd 57-p　900.4/109

3106

海南島護謨產業論

根岸勉治撰　昭和十四年（1939）十月　臺北　臺
灣農會報印行　抽印本

27面　有表　21公分

本篇係〈臺灣農會報〉第一卷第十號別刷（抽印本），主要內容計分：海南島護謨產業概要、護謨產業成立素因、護謨產業發達狀態、護謨產業生產技術性、海南島護謨園分布區域、護謨園經營規模、栽植式護謨園經營、護謨園經營收支狀態、瓊崖護謨園生產合作社，以及結論等十項。

庋藏者：臺灣分館　456/Fd 8-p

3107

海南島椰子產業論

根岸勉治撰　昭和十四年（1939）（未著錄出版事項）　抽印本

24面　有表　21公分

本篇係〈拓植獎勵館季報〉第一卷第三號別刷（抽印本），主要內容計分三節十二項，依次：

第一節　椰子栽培、加工及販賣法（椰子栽培法、椰子果收獲、椰子利用及加工法、椰子製品販賣）

第二節　椰子園分布及經營狀態（椰子產業發達狀態、椰子園分布區域、椰子栽植可能荒地、椰子園經營規模、崖縣椰子園經營）

第三節　瓊崖椰油製造廠計劃（椰子油製造廠組織、設備資金豫算、營業收支豫算）

庋藏者：臺灣分館　455/Fd 8-p

3108

海南島に於ける實狀

臺灣拓植株式會社調查課編　昭和十六年（1941）

臺北　該會社印行

（176）面　有圖表　21公分

（臺調資A　第十五號）

本書全名《中國合作社（產業組合）運動の經過ト
－－海南島に於ける實狀》，主要內容包括：緒論、中
國に於ける合作社（產業組合）の過去及現在概說、最
近に於ける中國共產黨の邊區農業政策、海南島に於け
る合作事業、廣東省農業合作社儲蓄借貸五個年計劃、
廣東省合作事業委員會、廣東省合作事業委員會合作社
振興計劃、海南島各種合作社關係法規、各縣特殊合作
社、廣東省各地合作社組織概況、廣東省農工業者生活
改善法案等概說、海南島特殊合作社、瓊崖實業局、事
變前海南島農林關係學校及其他成就、結語、參考資料
等十六項。

庋藏者：臺灣分館　254/Bd 31

新店書庫　552.237/4351

3109

海南島に於けるタンニン及油脂資源に關する調查報告

石井　稔　馮全裕撰　昭和十七年（1942）　臺北

臺灣總督府外事部印行　抽印本

6面　有表　26公分

本篇係臺北帝國大學第二回海南島學術調查團第三班（農藝化學班），乃著者於海南島實地觀測調查實驗結果報告。

本次調查區域，包括：海口、萬寧、九所、感恩、崖縣、澄邁、定安、和盛、中原、三亞等地區。採取各種標本，進行定量分析，定性反應，鞣製試驗。油脂資源調查，包括：椰子油、海棠油、花生油、胡麻油、桐油等五種。

庋藏者：臺灣分館　040/Bd 97a

3110

海南島の工業現狀竝に工業原料調查報告

市川信敏等撰　昭和十七年（1942）十一月　臺北臺灣總督府外事部印行

42面　有表　21.5公分

（臺灣總督府外事部調查　第七十七：資源部門第二十四）

本篇係臺灣總督府工業研究所技師市川信敏等三人，於昭和十七年（1942）二月六日至三月十日間，奉命前往海南島各地觀察支那人經營工業，日本邦人企業工業の現狀，竝に各種工業原料調查報告。

全文主要內容，除緒言及結言外，尚包括：

第一編：海南島在來の支那人工業狀況

第二編：邦人企業竝に工業原料

　　附錄：海南島流通之舊中國政府銅貨幣分析結果（含銅量），暨普通煉瓦～日本標準規格二種，以供研究參考。

　　庋藏者：臺灣分館　500/Fd 43-p 980.4/35

3111

海南島の農林業概況

　　陳新座譯　臺灣總督府外事部編　昭和十五年（1940）三月　臺北　編者印行　抽印本

　　（99）面　有圖表　21公分

　　（南支南洋　第一七一至一七七號　別刷）

　　本篇係根據民國二十六年（1937）五月，廣州市國立中山大學，調查資料整理重刊《瓊崖各縣農業概況調查報告》翻譯之日文版，曾連續刊載於〈南支南洋〉（月刊）。

　　全篇主要內容，計分三講十五目，分列於次：

　　第一講　本島の自然的條件：地勢、河川、土質、氣候、水利。

　　第二講　本島の農業的要素：荒蕪地、交通、物產、經濟、黎人。

　　第三講　農林業の現況：農業、農業的副業（牧畜業、農產物加工業）、植物病蟲害、林業一般。

　　本次調查地域，包括：瓊山縣、文昌縣、瓊東縣、

樂會縣、萬寧縣、陵水縣、崖縣、感恩縣、昌江縣、儋縣、臨高縣、澄邁縣、定安縣等十三縣。皆作深入調查報告，實乃關註瓊崖農業問題者，必需具備的基本資料，並附錄各項統計表，以供研究參考。

　　庋藏者：臺灣分館　055/38　420/Fd 9-p

3112
海南島農林業開發參考資料

　　臺灣總督府殖產局海南島農林業調查團編　昭和十六年（1941）十月　臺北　臺灣總督府外事部印行

　　17冊　有圖表　22公分

　　本參考資料具有叢刊性質，又名《殖產局海南島農林業調查書》，但封面題名《殖產局調查團報告書》，且各有其主題，以表示其內容。

　　按殖產局海南島農林業調查團，計分四回調查班，其調查時間如次：

　　第一回　調查班：昭和十五年（1940）八月二十三日出發，九月十二日歸府。

　　第二回　調查班：昭和十五年十一月十四日出發，十二月二十三日歸府。

　　第三回　調查班：昭和十六年（1941）二月二十四日出發，三月十五日歸府。

　　第四回　調查班：昭和十六年四月十二日出發，四月十九日歸府。

　　本參考資料《殖產局海南島農林業調查書》計十七號，各有獨立的題名及調查報告人，依號著錄如次：

第一號　海南島農林業の現況概要

第二號　海南島農林業開發暫定方策

第三號　海南島の土壤及農業一般　（澁谷紀三郎）

第四號　海南島の土地改良　（八田與一）

第五號　海南島の農作物　（加茂　巖）

第六號　海南島の稻作　（磯　永吉）

第七號　海南島の特用作物　（三浦博亮）

第八號　海南島の蔬菜　（江口庸雄）

第九號　海南島の糖業　（吉良義文）

第十號　海南島畜產調查報告　（山根甚信）

第十一號　海南島の畜產　（蒔田德義）

第十二號　海南島の畜產　（葛野淺太郎）

第十三號　海南島の林業　（山田金治）

第十四號　海南島の林業　（武田義夫）

第十五號　海南島の土地制度　（奧田　或　山分一郎）

第十六號　海南島農業開發に關する農政の考察（鈴木進一郎）

第十七號　海南島の稻作

　　本參考資料各號附錄：殖產局海南島農林業調查書一覽表，暨調查團一覽各一種，以供參考。

（請參閱各號資料簡介）

　　　藏者：臺灣分館（各有索書號碼）

3113

海南島農林業開發暫定方策

　　臺灣總督府殖產局海南島農林業調查團編　昭和十六年（1941）八月　臺北　臺灣總督府外事部印行

　　27面　有表　22公分

　　（海南島農林業開發參考資料　第二號）

　　本篇封面題名：殖產局調查團報告書二（開發暫定方策），係臺灣總督府殖產局海南島農林業調查團，於昭和十五年（1940）八月至十六年四月間，三回現地調查施行及開發暫定方策。

　　全篇主要內容，計分四大項、十一目，依次：

　　第一　農林業獎勵機關對策（○○部、農林開發會社、農林開發會社組合、農林試驗場）。

　　第二　土地對策（土地開發計畫の樹立、地籍整理及土地收得の促進）。

　　第三　農林產增殖對策（農產增殖、畜產、林產增殖）。

　　第四　農業移民對策（內地人農業移民の招致、臺灣人農業移民の招致）。

　　藏者：臺灣分館　409/Bd 1 V.2

3114

海南島農林業の現況概要

臺灣總督府殖產局海南島農林業調查團編　昭和十六年（1941）十月　臺北　臺灣總督府外事部印行

100面　有表　21公分

（海南島農林業開發參考資料　第一號）

本篇封面題名：殖產局調查團報告書一（農林業現況概要），係臺灣總督府殖產局海南島農林業調查團，於昭和十五年（1940）八月，派遣專門調查員親赴海南實地調查報告書。

全書主要內容，計分：位置、面積、人口、地勢、地質及土壤、土地利用狀況、氣象、植物、農業、畜產、林業、土地制度、貿易、邦人農林企業狀況等十四大項。

庋藏者：臺灣分館　409/Bd 1 V.1

3115

海南島讀本

K.N.H撰　昭和十三年（1938）十一月　臺北　臺灣時報印行　影印本

（33）面（181～213）　有表　20公分

本篇刊於〈台灣時報〉（昭和十三年十一月號），與〈廣東省讀本〉為姊妹篇。其重要內容，除前言、序說（南支の定義に關する諸說）外，計分：

　　第一章　氣象：氣溫　雨量

　　第二章　農業（各論）：米、甘蔗、甘藷、落花生、檳榔樹、椰子、黃麻、籐、珈琲、鳳梨、護謨、瓜子、煙草、益智、棉花、胡麻、野蠶

　　第三章　牧畜（各論）：牛、豚、雞

　　第四章　林業：本島產木區域及其の採運狀況

　　庋藏者：臺灣分館　052/Bj 2

(二)、農　業

3201

海南島の農業

　　中田吉雄撰　昭和十四年（1939）序　東京　東亞研究所印行

　　乙冊（面數複雜）　有圖表　25公分

　　（自然～資：三　追補）

　　本篇係東亞研究所第一部自然科學班報告，主要內容，包括：生產要素、自然條件、土地利用、人口、農作物と畜產、農業經濟と所有關係、海南島經濟と農業、作物各論、結論（海南島農林の將來）等八章，計二十七項。附錄：海南島日誌，以供參考。

　　庋藏者：臺灣分館　420/Bd 1

3202

海南島農業開發に關する農政的考察

鈴木進一郎撰　昭和十六年（1941）十月　臺北

臺灣總督府外事部印行

39面　有圖表　22公分

（海南島農林業開發參考資料　第十六號）

本篇封面題名：殖產局調查團報告書十六（農政）

，係臺灣總督府技師鈴木進一郎，於殖產局海南島農林業調查團第三班，在昭和十六年二月二十四日至三月十五日，親赴海南島實地考察農政之調查報告書。

全書主要內容，除附有統計資料，諸如圖表，以供參考外，計分：

第一　海南島の開發に用ゆべき中心農作物に就て。

第二　海南島の農業開發を擔當ずべき機關に就て。

第三　海南島の農業開發上必要なる人的資源に就て。

第四　海南島の土地利用ミ之ガ改良に就て。

第五　結言。

庋藏者：臺灣分館　4211/Bd 1-p

3203

海南島ニ於ケル農業開發會社ノ事業概要

～海南海軍特務部經濟局調查ニ據ル～

海南海軍特務部經濟局調查 （未著錄出版事項）
打字油印本

（15）頁 有表 27公分 毛裝

本調查列爲極秘文件，採表格方式著錄，主要內容
包括：

一、開發會社概況 註記項目如次：會社名事業地
 名、進出年月日、事業開始年月日、主要栽培
 作物名、開墾面積、作物栽培面積（ ）內直
 營面積、投下資本。

二、主要作物栽培面積 註記項目如次：會社名事
 業地名、作物栽培面積、主要作物別栽培面積
 、主要作物別獎勵面積。

三、全農林開發會社作物種別利用總面積 註記項
 目計分：栽培物、直營、獎勵、合計。

四、人員分配 註記項目計分：會社名、事務員、
 技術員。

庋藏者：臺灣分館 4207/Bd 1-p

3204

海南島に於 る農業調查

平間慤三郎撰 昭和四年（1929） 臺北 臺灣
總督官房調查課印行

乙冊（面數雜複） 有圖表 22公分

（南支那及南洋調查 第一五七輯）

　　本調查書係著者於海南島實地調查研究報告，主要內容，包括：緒言、位置及地形、行政區劃、人口及交通、氣候、土壤及作物分布、農產、畜產、林產、礦產、海產、貿易、所見等十二項。

　　庋藏者：臺灣分館　400/Bd 8　9104/21

3205

海南島農業調查報告

　　野口彌吉等撰　外務省通商局編　昭和十五年（1940）東京　日本國際協會印行

　　199面　有圖表　28公分

　　（日本國際協會叢書　第二二二輯）

　　本書係著者於海南島實地調查報告，主要內容，包括：海南島農業概觀、海南島土壤調查、海南島經濟、海南島有關文獻資料目錄、海南島寫真輯（照片及說明）等五部，計十六項。分由：野口彌吉（農學博士）、藤原彰夫、高橋晴貞等三人執筆。

　　庋藏者：臺灣分館　420/Bd 14　9104/45

3206

海南島農村經濟論

　　奧田　彧　李添春撰　昭和十五年（1940）　臺北　野田書房印行

　　188面　有圖表　17公分　精裝

　　本書係參考林纘春著《瓊崖農村》、穆亞魂著《海南島建設問題》，以及海南書局刊行《瓊崖建設研究書》，編譯成帙。主要內容，計分：農村經濟及農村の振興二編，共計十章。

　　庋藏者：臺灣分館　　4216/Fd 1　　9104/37

3207

海南島陵水縣ニ於ケル農村經濟並ニ一般慣行調查

　　臺灣拓殖株式會社編　昭和十五年（1940）十二月　東京　文精社（合資會社）印行　油印本

　　59面　有表　24.5公分

　　本書目次頁中文題名《農村經濟並一般慣行調查》，係該株社派遣之海南島陵水縣土地調查團，自昭和十五年（1940）十一月九日至十二月三十一日期間，於海南島陵水縣實地調查結果之一部份。

　　全書主要內容，除附有各項統計表，以供參考外，計分：

一、農村構成：行政組織、農村構成、農家分布。

二、土地所有狀況：地主戶數及其所有面積、地主種類、一戶當耕作面積。

三、農家生計費

四、土地賣買慣行：賣買動機、賣買方法。

五、小作慣行：小作人種類、契約方法、小作期間、小作料種類及納入方法、小作制限、小作敷金。

六、土地一般慣行：土地分類、土地所有權得失、土地政策、土地關係簿冊。

七、農村事情：度量衡制度、貨幣制度、言語、衣食住、家族制度、冠婚葬祭、教育、醫療施設、市場、農村娛樂機關、農村金融狀況、租稅種類、物價變動狀況、農村犯罪種類、農村副業種類、其他。

八、農業一般：水利、肥料、農具種類、各種農作物概要。

九、勞動賃銀

庋藏者：臺灣分館　4216/Bd 2

3208

瓊崖の農地制度と農村經濟機構

根岸勉治撰　昭和十四年（1939）九月　未著錄出版事項　抽印本

47面　有表　22公分

本篇原係〈社會政策時報〉第二百二十八號別刷（抽印本），主要內容，除緒言及結言外，計分：瓊崖農地制度、瓊崖農業經營、瓊崖農村階級構成、半封建的小作勞働關係、官僚、地主、商人と高利貸的榨取關係、瓊崖農家經濟と農地喪失等八項。同時附有各項統計表，以供參考。

庋藏者：臺灣分館　421/Bd 3-p

3209

海南島土地慣習一班と業主權

佐藤　佐撰　昭和十五年（1940）二月　臺北　臺北高等商業學校南邦經營學會印行

12面　有表　21公分

本篇原係〈南邦經濟〉特輯號，主要內容，計分：第一、海南島の法律，第二、地目，第三、地積，第四、地租，第五、業主權，第六、契字等六項。

庋藏者：臺灣分館　040/3

3210

海南島の土地制度

奧田　或　山分一郎撰　昭和十六年（1941）十月　臺北　臺灣總督府外事部印行

49面　有圖表　22公分

（海南島農林業開發參考資料　第十五號）

本篇封面題名：殖產局調查團報告書十五（土地制度），係臺北帝國大學教授奧田　或，暨臺灣總督府事務官山分一郎，於殖產局海南島農林業調查團第二班，昭和十五年（1940）十一月十四日至十二月二十三日，在實地考察海南島の土地制度之調查報告書。

全書主要內容，除緒言及結言外，計分：地積の單位（長度、播種量、工程、收量及畦數等計量法），土地所有（總說、漢族の土地所有、黎苗族の土地所有、

土地收用、對策），土地の分配（土地所有狀、經營狀況），小作制度（小作契約の方法、小作契約の方式、小作期間、又小作及永小作、小作料、土地使用相關制限、保證金、質及償），土地相關負擔、地價等六項。

　　庋藏者：臺灣分館　409/Bd 1 V.15

3211

海南島の土壤及農業一般

　　澁谷紀三郎撰　昭和十六年（1941）八月　臺北臺灣總督府外事部印行

　　35面　有圖表　22公分

　　（海南島農林業開發參考資料　第三號）

　　本篇封面題名：殖產局調查團報告書三（土壤及農業一般），係臺灣總督府農業試驗所長農學博士澁谷紀三郎，於殖產局海南島農林業調查團第一班，在昭和十五年（1940）八月二十三日至九月十二日，親赴海南島實地調查之報告書。

　　全書主要內容，計分：調查日程、農業上所見之天然條件、土地利用、農作物、畜產、事業會社業務概況、農業企業上將來對策之管見等七項。

　　庋藏者：臺灣分館　409/Bd 1　V.3

3212

海南島の農作物調查報告

寺林清一郎撰　昭和十七年（1942）四月　臺北
臺灣總督府外事部印行　抽印本

49面　有圖表　26公分

（臺灣總督府外事部調查資料　第七十）

本篇係臺北帝國大學第一回海南島學術調查團第二
班（農學班），乃著者於昭和十五年（1940）十二月至
次年一月間，前往海南島實地觀察。包括：海口、瓊山
、定安、文昌、清瀾、那大、南豐、臨高、儋縣、加來
、福山、三亞、榆林、藤橋、保亭、陵水、新村、南橋
、興隆、萬寧、馬嶺、崖縣、樂安、九所、黃流、感恩
、北黎、薑園、石祿山、東方、瓊東、嘉積、樂會等地
區調查，有關普通作物、特用作物、園藝作物、綠肥作
物、以作詳實之分析報告。

庋藏者：臺灣分館　040/Bd 97

3213

海南島の農作物調查報告（第二回）

寺林清一郎撰　昭和十七年（1942）　臺北　臺
灣總督府外事部印行　抽印本

29面　有圖表　26公分

（臺灣總督府外事部調查資料　第一一七：一般部
門第三十三）

本篇係臺北帝國大學第二回海南島學術調查團第二
班（理農學班），乃著者於昭和十七年二月二十二日至

四月一日間，前往海南島實地觀測調查結果報告。

本班次調查區域範圍，包括：海口、福山、那大、洛基、曙碧、北黎、感恩、九所、崖縣、東山嶺、馬嶺、三亞、榆林、藤橋、陵水、南橋、興隆、萬寧、和樂、中原、嘉積、龍塘、屯昌、田曲坡、瓊東、長坡、煙墩、邁號、文昌、潭牛、瓊山等地區。

全文主要內容，除緒言及結論外，計分：黎族の農作物、開發農場の農作物、開發農場視察記等五章，共計二十七節。

本次調查農作物，計有：普通作物、特用作物、園藝作物、綠肥作物等七十餘種。

庋藏者：臺灣分館　040/Bd 97a

3214

海南島稻作狀況調查書

譚仲約撰　馬　場譯　未著出版時間　臺北　臺灣拓殖株式會社調查班印行　抽印本

13頁　27公分　線裝

本調查書係根據民國二十一年（1932），廣東省建設廳農林局《瓊崖實業調查團報告書》之日譯本。全書計二六一頁，其內容包括：農藝、土壤、水利、牧畜、昆蟲、森林、漁鹽、商工、交通、衛生等十大項，本報告書乃其中主要的稻作部份。

原篇名《海南島五縣農藝調查報告》（譚仲約撰）

，主要內容，乃瓊山、文昌、定安、瓊東、樂會等五縣
稻作實況之珍貴參考資料。

　　　庋藏者：臺灣分館　4241/Bd 3-p

3215

海南島ニ於ケル米穀增產十ケ年計畫案

　　　臺灣拓殖株式會社編　昭和十六年（1941）四月
臺北　編者印行　打字油印本

　　　64面　有圖表　26公分　毛裝

　　　（臺調資 B　第（16）ノ十九號）

　　　本篇又名《海南島ニ於ケル米穀增產計畫書》，主
要內容，計分：米作現狀、增產目標、實施計畫、年度
別增產豫想集計表，曁附表：臺拓陵水試作地第一回品
種試驗成績表、臺拓馬嶺試作地第一回品種肥料試驗成
績表、陵水地方海南島在萊米坪刈調書、四玄米ノ大小
粒形ノ比較、海南島生產蓬萊種成分分析表、海南島氣
象表，以供研究參考。

　　　庋藏者：臺灣分館新店書庫　431.1/4351

3216

海南島の農作物

　　　加茂　嚴撰　昭和十六年（1941）九月　臺北　臺灣
總督府外事部印行

　　　44面　有圖表　22公分

（海南島農林業開發參考資料　第五號）

本篇封面題名：殖產局調查團報告書五（農作物）
，係臺灣總督府農業試驗所技師加茂　巖（農學博士）
，於殖產局海南島農林業調查團第一班，昭和十五年（
1940）八月二十三日至九月十二日，在海南島實地調查
報告書。

全文主要內容，計分：調查日程、氣象、農耕地面
積、農作物、農具、農作物の改良增產對策之私見等六
項。

庋藏者：臺灣分館　409/Bd 1　V.5

3217

海南島の稻作

臺灣總督府殖產局海南島農林業調查團編　昭和十
六年（1941）九月　臺北　臺灣總督府外事部印行
68面　有圖表　22公分

（海南島農林業開發參考資料　第十七號）

本篇係以臺灣總督府殖產局海南島農林業調查團，
所編調查報告書，暨《海南島農林業の現況概要》中有
關稻作部份，彙編成帙。

全書主要內容，計分：一、水田面積、作付面積、
生產高、消費、主產地。二、海南島の水田。三、稻の
栽培期節。四、栽培法。五、氣象。六、海南島に於け
る稻の栽培法考察（特に改良の要點）。七、栽培品種

。八、農具等八大項。

庋藏者：臺灣分館　4241/Bd 2-p

新店書庫　434.11/4322

3218

海南島の稻作

磯　永吉撰　昭和十六年（1941）九月　臺北
臺灣總督府外事部印行

41面　有圖表　22公分

（海南島農林業開發參考資料　第六號）

本篇封面題名：殖產局調查團報告書六（稻作），
係臺北帝國大學教授磯　永吉（農學博士），於殖產局
海南島農林業調查團第三班，在昭和十六年二月二十四
日至三月十五日，前往海南實地調查稻作之報告書。

全書主要內容，計分：一、海南島の稻作に就て，
二、海南島に於ける稻の栽培期節に就て，三、海南島
の氣象槪測，四、海南島に於ける稻の栽培法に就て，
五、栽培品種に就て等五大項。

庋藏者：臺灣分館　4241/Bd 1-p

3219

海南島熱帶作物調查報告

林永昕撰　楠木實隆　清水董三譯　昭和十五年（
1940）十月　上海　中支建設資料整備委員會印行

128面　有圖表　21公分

（翻譯彙報　第三十六編）

本書係根據民國二十六年（1937）七月，廣州國立中山大學農學院農林研究委員會刊行《海南島熱帶作物調查報告》譯行。

本報告乃著者於民國二十五年（1936）五月至九月，由國立中山大學派赴瓊崖實地考察，海南島熱帶作物調查報告，農學院農藝學教授丁穎指導。經歷全島十三縣，調查作物計有十餘種，並附有各種作物標本圖片，以供參考。

全書主要內容，計分：緒言、椰子、檳榔、膠樹、咖啡、菠蘿、水陸稻、甘蔗、其他（甘藷、木薯、甘蕉、木瓜、黃麻、棉花、芝麻、落花生、蓖麻、荔枝、龍眼、菠蘿蜜）等九章，計六十五節，包括十九種作物。

庋藏者：臺灣分館　910.4/42

3220

海南島の熱帶作物

林永昕撰　佐佐木舜一譯　（未著錄出版事項）

抽印本

55面　有表　22公分

本篇係《臺灣の山林》第一五八號（昭和十四年六月）、第一六一號（同年九月）、第一六二號（同年十月）別刷（抽印本）。

全書主要內容，計分：第一章　緒言、第二章　椰子、第三章　檳榔、第四章　護謨樹、第五章　珈琲、第六章　鳳梨，共六章三十六項，並附有統計表，以供參考。

＆藏者：臺灣分館　424/Bd 2-p

3221
海南島の農產食糧調查

臺灣總督府熱帶產業調查會編　昭和十五年（1938）　臺北　臺灣總督府外事部印行

（28）面（6～33）　有圖表　21公分

本稿係國立中山大學農學院林纘春教授執筆，原刊在上海〈國際貿易導報〉（食糧問題專號）。經譯日文，刊於〈南支南洋〉（昭和十四年七月號）。

本篇主要內容，依其目次，計分六項，並附有各項統計表，以供研究參考。

一、緒言
二、農業人口と耕地
三、主要農業の種類及其の分布
四、主要農產の生產消費
五、農業の曙光
六、結論

＆藏者：臺灣分館　055/38　040/Fd 97

3222

海南島と椰子

田澤震五撰　昭和十五年（1940）　臺北　田泥化
學工業研究所印行

乙冊（頁數複雜）　有圖表　21公分

（椰子栽培處其利用ヲ訂正增補セルモノ）

本書著者曾遊歷南洋群島及東南半島等各地，實地
觀測調查，蒐集資料及圖片，撰著成書，其動機與宗旨
在研究熱帶產業經營，椰子栽培。

全書主要內容，包括：海南島介紹、椰子（總論、
椰子生理學、氣候及風土、土地開墾及植付其他、種子
、害蟲驅除法、收穫處理、椰果製造法、熱帶地椰子油
及油粕生產費用預算、邦人經營の椰子園、蘭領印度椰
子產額及價格、臺灣椰子栽培適當土地、臺灣椰子栽培
適否、結論）。附錄：食用蝸牛白藤種有效適地利用法
、兔養殖有關研究報告，以供參考。

庋藏者：臺灣分館　455/Bd 7　9256/15

3223

海南島の特用作物

三浦博亮撰　昭和十六年（1941）九月　臺北　臺
灣總督府外事部印行

112面　有圖表　22公分

（海南島農林業開發參考資料　第七號）

　　　本篇封面題名：殖產局調查團報告書七（特用作物
），係臺灣總督府技師三浦博亮，於殖產局海南島農林
業調查團第二班，在昭和十五年（1940）十一月十四日
至十二月二十三日，親赴海南實地考察特用作物之調查
報告書。

　　　全書主要內容，計分：一、自然要素（位置及面積
、地勢、土壤、氣象～氣溫、雨量、濕度、風），二、
農產物就中主要農產物の現況と其將來（水稻、陸稻、
甘藷、豆類、小麥、落花生、胡麻、蓖麻、黃麻、棉、
苧麻及山麻、其他作物），三、將來に於ける農產物就
中主要農產物の開發に對ける卑見等三項。

　　　庋藏者：臺灣分館　424/Bd 4-p

3224

海南島の蔬菜

　　　江口庸雄撰　昭和十六年（1941）九月　臺北　臺
灣總督府外事部印行

　　　56面　有圖表　22公分

　　　（海南島農林業開發參考資料　第八號）

　　　本篇封面題名：殖產局調查團報告書八（蔬菜），
係臺灣總督府農業試驗所技師江口庸雄（農學博士），
於殖產局海南島農林業調查團第二班，昭和十五年（
1940）十一月十四日至十二月二十三日，海南島現地觀
察園藝作物及蔬菜調查報告。

全書主要內容，計分：調查方針、調查方法（海南島に於ける軍用青果物の需給實狀と其對策、海南島に於ける蔬菜の種類と栽培法、海南島に於ける園藝の將來），以及各項附表。

庋藏者：臺灣分館　409/Bd 1　V.8

3225

海南島の糖業

吉良義文撰　昭和十六年（1941）九月　臺北　臺灣總督府外事部印行

56面　有圖表　22公分

（海南島農林業開發參考資料　第九號）

本篇封面題名：殖產局調查團報告書九（糖業），係臺灣總督府技師吉良義文，於殖產局海南島農林業調查團第二班，昭和十五年（1940）十一月十四日至十二月二十三日，在海南島實地觀察糖業調查報告書。全書主要內容，計分二大部份：

第一　調查の要約竝將來開發方策及卑見

　一、甘蔗栽培上所見自然的條件

　二、甘蔗栽培の現狀

　三、製糖の現況

　四、製品の販賣及移出

　五、原料獲得上所見新式製糖工業の可能性及其規模

　　　　六、他の農作物との關係

　　　　七、其他の條件と臨時措施

　　　　八、糖業開發上將來採取的方策

　　　第二　調査資料

　　　　一、海南島の位置、面積及地勢

　　　　二、住民及人口

　　　　三、氣象

　　　　四、地質及土壤

　　　　五、耕地及農作物栽培の現況

　　　　六、甘蔗栽培地域及蔗園面積

　　　　七、甘蔗栽培品種

　　　　八、甘蔗の生態

　　　　九、甘蔗栽培法

　　　　十、蔗莖收量

　　　　十一、甘蔗病蟲害

　　　　十二、製糖業

　　　　十三、步留

　　　　十四、產糖高

　　　　十五、砂糖の消費及貿易

　　　庋藏者：臺灣分館　409/Bd 1　V.9

3226

海南島糖業調查報告（第二回）

　　　平尾新三郎撰　昭和十九年（1944）三月　臺北

臺灣總督府外事部印行 抽印本

　11面　有表　26公分

　（臺灣總督府外事部調查　第一一七：一般部門第三十三）

　　本篇係臺北帝國大學第二回海南島學術調查團第三班（農藝化學班），乃著者於昭和十七年（1942）二月二十二日至四月一日間，親往海南島實地觀測，蒐集資料所撰調查報告。

　　全文主要內容，計分：甘蔗栽培上の自然條件、甘蔗栽培狀況、製糖方法、糖房數量、蔗園面積及產糖高等五部份。並附有各項統計表，以供參考。

　　庋藏者：臺灣分館　040/Bd 97a

3227

海南島と艾納香

　　山田金治撰　昭和十四年（1939）五月　臺北　臺灣總督府林業試驗所印行 抽印本

　　3面　有表　26公分

　　（臺灣總督府林業試驗所事報　第三號）

　　（小川香料時報　第十二卷　第五號）

　　按「艾納香」又名：白手龍腦，樟腦及龍腦併稱著名香料。本文除介紹海南島艾納香生態外，並以蒸溜試驗結果，依原料葉處理別（輸送途上醱酵生葉、乾燥不充分葉、同一產地葉、同一產地、乾燥處理良得葉、生

葉二對乾葉）、含腦率、含油率、摘要等四項，列表發布，以供參考。

　　　　庋藏者：臺灣分館　579/Fd 1-p

（三）、林　業

3301

海南島水源林調查報告書

　　　　李　覺　陳時森撰　廣東省建設廳農林局編　（未著錄出版時間、地址）　臺灣拓殖株式會社廣東支店印行　打字油印本

　　　　（84）面　有圖表　26公分　精裝

　　　　（廣企資　第十一號ノ四）

　　　　本篇係著者於海南島實地調查報告書，主要內容計分：調查區域、地質、氣候、交通、本流及支流、土砂崩壞、各江森林及荒山狀況、森林植物分佈概況、木材伐採利用、保安林編入區域、林業上今後設施、結論等十二項。附錄：調查日程表，以供參考。

　　　　庋藏者：臺灣分館（新店書庫）　436.283/4351

3301-2

海南島水源林調查報告書

　　　　林阿仁撰　昭和十四年（1939）臺北　臺灣總督官房外務部印行　抽印本

45面　有圖表　21公分

（南支南洋　第一六七號　別刷）

本篇係根據《廣東省建設廳農林局報告叢書》第五號譯成，主要內容計分：調查區域、地質、氣候、漢黎の生活狀態、交通、本流及支流、土砂の崩壞、各江の森林及荒山狀況、森林植物の分布狀況、木材の伐採利用、保安林の編入區域、今後の林業施設，以及結論等十三項。

附錄：瓊崖水源林調查日程、瓊崖各縣土地面積表、瓊崖各縣人口表等三種，以供參考。

疌藏者：臺灣分館　450/Fd 6-p

3302

海南島のゴム

田添　元撰　昭和十六年（1941）　臺北　臺灣時報印行　抽印本

8面　21公分

（臺灣時報　第二十三卷第七號　別刷）

本篇係著者於海南島那大、臨高、澄邁、嘉積、石壁、龍江、興隆等地方，實地考察森林地帶，環境因素、自然分布、氣象、土壤、育林成就等，以供參考。

疌藏者：臺灣分館　456/Fd 55-p

3303

海南島農業開發參考資料（林業の部）

山田金治撰　昭和十五年（1940）十一月　臺北
臺灣總督府林業試驗所印行

131面　有圖表　22公分

本篇著者係臺灣總督府林業試驗所技手，兼恒春支
所長，於海南島實地觀察調查及統計分析。

全書主要內容，計分：氣象、地質、森林植物、有
用植物、海南島ノ竹、「ゴム」事業、觀賞植物、海南
島林產物輸出入統計、乾燥不毛地ノ回復竝ニ利用方法
、海口市內ニ見ル用材、視察結果ノ要約、海南島ノ熱
帶有用植物栽植事業觀等十二項。

附錄：蕃族切替煙休耕ノ處理、暨廣東地方ニ於ケ
ル調查事項，以供參考。

庋藏者：臺灣分館（新店書庫）　436.132/4322

3304

海南島の林業

山田金治撰　昭和十六年（1941）十月　臺北臺灣
總督府外事部印行

69面　有圖表　22公分

（海南島農林業開發參考資料　第十三號）

本篇封面題名：殖產局調查團報告書十三（林業）
，係臺灣總督府林業試驗所技手山田金治，於殖產局海
南島農林業調查團第二班，昭和十五年（1940）十一月

十四日至十二月二十三日，前往海南實地觀測林業之調查報告書。

全書主要內容，計分：各地雨量の比較、植生上所見土壤、「ゴム」樹の生長量、森林及木材、主要木材の說明、耕地防風林及薪炭備林造成の必要、老樹銘木保存の必要、綠化施設の必要、特殊農林產物の輸出方法、植物檢查方法改善の必要，業者の企業種別及事業地域再檢討の必要、視察調查結果の要約、林業試驗機關の設置成就、海南島駐在技術者派遣成就、臺灣總督府內海南島農林業開發委員會設置の必要等十七項。

庋藏者：臺灣分館　409/Bd　1 V.13

3305

海南島の林業

武田義夫撰　昭和十六年（1941）十月　臺北　臺灣總督府外事部印行

78面　有圖表　22公分

（海南島農林業開發參考資料　第十四號）

本篇封面題名：殖產局調查團報告書十四（林業），係臺灣總督府技師武田義夫，於殖產局海南島農林業調查團第二班，昭和十五年（1940）十月十四日至十二月二十三日，在實地觀測海南島の林業調查報告書。

全書主要內容，計分：概況（位置、面積、地勢、地質、土壤、氣象、林況）、林業の現況（利用、造林

、海岸林、防風林、水源涵養林及其他）、林業の將來
（利用、造林、海岸林、防風林、水源涵養林、土砂扞
止林、地元部落用薪炭備林、牧場被蔭樹、行道樹其他
、荒蕪地ノ地力回復、林業試驗機關），以及結論等四
項，共二十三目。

　　庋藏者：臺灣分館　409/Bd 1　V.14

3306

造林學上より見たる海南島の林業

　　田添　元　森　邦彥撰　昭和十七年（1942）四月
　臺北　臺灣總督府外事部印行　抽印本

　　49面　有圖表　25公分

　　（臺灣總督府外事部調查資料　第六十七）

　　本篇係臺北帝國大學第一回海南島學術調查團第二
班（農學班），乃著者於海南島各地觀測、調查、實驗
之報告。

　　本班次調查觀察地域，包括：海口、瓊山、文昌、
清瀾、永興、定安、福山、臨高、加來、那大、三亞、
陵水、榆林、南橋、興隆、萬寧、黃流、板橋、感恩、
北黎、薑園、寶園、東方等地區。

　　本報告主要內容，計分：海南島の環境因素、生物
的條件、森林の植相と造林、各森林の更生と林冠の構
成、法正變化、高溫乾燥地帶の造林の特異性、林木の
撫育、海南島に於て燒煙に附隨せる森林作業、造林樹

種の造林上の性質と海南島人工造林、海南島に於ける
メクシ松の育林成就，以及各地育林成就等十一項。

　　　庋藏者：臺灣分館　　040/Bd 97　　9314/55

3307

海南島に於ける森林調査

　　　中山二郎　水戸野武夫撰　昭和十九年（1944）
　　三月　臺北　臺灣總督府外事部印行

　　　37面　有圖表　25公分

　　（臺灣總督府外事部調査　第一二六：資源第三十
九）

　　　按《海南島に於ける森林調査》，主要論旨：特に
造林地に於けるパラゴム、廣東油桐並に天然生クリカ
シ、松類の生長徑路に就て。

　　　本篇係臺北帝國大學第二回海南島學術調查團第二
班（理農學班），乃著者於昭和十七年（1942）三月六
日至二十五日，親往海南島實地觀測調查，蒐集資料，
採樣標本，研究分析結果。就其海南島各地所產松林、
油桐、橡膠樹等森林，進行各項分析、比較、實驗、說
明，並列表附圖片，以供研究參考。

　　　庋藏者：臺灣分館　　9142/20

　　（四）、漁　　牧

3401

海南島の水産

海洋漁業協會調查部編　昭和十四年（1939）七月　東京　海洋漁業協會印行

40面　有圖表　21公分

本篇主要內容，依目次著錄如次：地勢、海洋及氣候、水產物（魚類、貝類、珊瑚類、海藻類、淡水產）、漁船（漁艇、拖魚船、鹹魚船）、漁業種類（內灣及內河漁業、近海漁業、遠洋漁業）、水產製造物、港灣概況（海口港、新盈灣、新英港、海頭市、昌江縣港內、北黎港、鶯哥海、保平港、三亞港、榆林港、西洲島、瑯瑘灣、海棠頭、藤橋港、新村港、港北港、北鰲港、清瀾港）等七項，計二十九目。

附錄：漁業不振的原因及對策、海南島漁業考察團的報告、瓊崖區漁業現狀等三種，以供參考。

庋藏者：臺灣分館　480/Fd 7-p

3402

海南島近海產魚類調查報告

中村廣司撰　昭和十五年（1940）七月　基隆　臺灣總督府水產試驗場印行

30面　有圖　26公分

（水產試驗場出版　第十五號）

本篇係臺灣總督府水產試驗場試驗船：照南丸，於

昭和十四年（1939）分夏（二回）冬（一回）兩季，在
海南島近海漁業試驗，採集魚類標本一四一種，依分類
學區別紀錄，所作調查結果報告。

　　全文主要內容，包括：第一部夏期試驗，第二部
冬季試驗。附錄：海南島近海產貝類，以供參考。

　　庋藏者：臺灣分館　488/Fd 4-p　9404/26

3403

海南島の陸水等三種

　　原田五十吉撰　昭和十七年（1942）四月　臺北
臺灣總督府外事部印行　抽印本

　　13面　有圖表　25公分

　　（臺灣總督府外事部調查資料　第六十）

　　本篇係臺北帝國大學第一回海南島學術調查團第一
班（生物學班），乃著者於昭和十五年（1940）十一月
至十二月間，前往海南島實地觀測調查，蒐集資料及實
物，從陸水學角度，進行研究分析報告。

　　本班次調查地區，包括：崖縣、榆林、三亞、田獨
鐵山、陵水、萬寧、保亭、黃流、感恩、樂安、九基、
竹鹿、藤橋、鏡湖、鹹塘、佛羅、昌江、瓊山、海口等
地域。全書主要內容，計分三篇：

　　海南島の陸水～特にその化學的性質に就いて

　　海南島の陸水生物～特にプランクトンに就いて（
豫報）

穿孔性ニ枚貝の蝕害に就いて

　　庋藏者：臺灣分館　040/Fd 97　　671/36

3404
海南島畜產調查報告

　　山根甚信撰　昭和十六年（1941）三月　（未著錄出版地及印行者）　打字油印本

　　乙冊（未標頁數）　有圖表　27公分

　　本書係臺北帝國大學教授山根甚信（農學博士），於海南島實地觀察報告，主要內容計分：

　　前編　海南島畜產現況：包括：海南島產業之畜產位置、海南島家畜頭數、黃牛、水牛、馬、豚、山羊等七章。

　　中編　海南島畜產技術考察：包括：產牛、養豚、馬山羊及家禽生產、乳牛、牛豚屠殺可能頭數等五章。

　　後編　海南島畜產政策考察：包括：海南島畜產重要性、海南島畜產經營形態、畜產振興政策等三章。

　　附錄：海南島畜產調查日程及地域、引用參考資料，以及各項圖版，以供參考。

　　庋藏者：臺灣分館（新店書庫）　552.237/2452

3404-2
海南島畜產調查報告

　　山根甚信撰　昭和十六年（1941）十月　臺北

臺灣總督府外事部印行

　　89面　有圖表　22公分

　　（海南島農林業開發參考資料　第十號）

　　本篇封面題名：殖產局調查團報告書十（畜產），
係臺北帝國大學教授山根甚信（農學博士），於殖產局
海南島農林業調查團第二班，昭和十五年（1940）十一
月八日至十二月二十四日，在海南島實地考察畜產調查
報告書。

　　全書主要內容，計分：海南島畜產調查日程及地域
、前編、中編、後編三大部，附錄：引用參考資料及各
種圖表，以供參考。

　　前編　　海南島畜產の現況：包括：海南島の產業の
位置、海南島の家畜頭數、黃牛、水牛、馬、豚、山羊
、家禽、牧野、獸疫等十章，共三十四節。

　　中編　　海南島畜產の技術的考察：包括：產牛、養
豚、馬山羊及家禽の生產、乳牛、牛豚の屠殺可能頭數
等五章，其中第一章分二節，第三章又分三節。

　　後編　　海南島畜產の政策的考察：包括：海南島畜
產振興の重要性、海南島畜產の經營形態、畜產振興對
策等三章，其中第三章又分二節。

　　庋藏者：臺灣分館　409/Bd 1　V.10

3405

海南島の畜產

　　　蒔田德義撰　昭和十六年（1941）九月　臺北
臺灣總督府外事部印行
　　　32面　有圖表　22公分
　　（海南島農林業開發參考資料　第十一號）
　　　本篇封面題名：殖產局調查團報告書十一（畜產）
，係臺灣總督府農業試驗所技師蒔田德義，於殖產局海
南島農林業調查團第一班，昭和十五年（1940）八月二
十三日至九月十二日，在海南島實地考察畜產調查報告
書。
　　　本班次調查地區，包括：海口、崖縣、三亞、榆林
、馬嶺、田獨、感恩、九所、黃流、佛羅、北黎、陵水
、籐橋、南橋、興隆、萬寧、龍滾、中原、博鰲、嘉積
、文昌、清瀾、大致坡、秀英、那大、儋縣、白馬井、
福山、和舍、多文、臨高等區域。
　　　全書主要內容，計分：調查日程、概況、畜產、豚
、牛、其他及結論等七項，另附有海南島豚の發育表，
以供參考。
　　　庋藏者：臺灣分館　409/Bd 1　V.11

3406

海南島の畜產
　　　葛野淺太郎撰　昭和十六年（1941）九月　臺北
臺灣總督府外事部印行
　　　44面　有圖表　22公分

（海南島農林業開發參考資料　第十二號）

本篇封面題名：殖產局調查團報告書十二（畜產）
，係臺灣總督府農業試驗所技師葛野淺太郎（農學博士
），於殖產局海南島農林業調查團第二班，昭和十五年
（1940）十一月十四日至十二月二十三日，在海南島實
地考察畜產之調查報告書。

本班次調查地區，包括：儋縣、那大、白馬井、西
田、加來、南豐、理善港、臨高、福山、黃竹、白蓮、
三亞、榆林、陵水、籐橋、新村、萬寧、南橋、興隆、
龍滾、中原、陽江、嘉積、保亭、馬嶺、樂安、感恩、
北黎、石祿、文昌、大致坡、瓊山、海口、秀英、定安
、東山、永興等區域。

全書主要內容，除緒言及附錄：殖產局海南島農林
業調查團與調查書一覽，調查日程、經路圖外，計分：
調查方針、畜產現況、牧野及飼料、家畜家禽改良有關
私見等四項。

庋藏者：臺灣分館　409/Bd 1　V.12

3407

海南島の畜產調查報告

加藤　浩撰　昭和十七年（1942）四月　臺北　臺
灣總督府外事部印行　抽印本

35面　有圖表　25公分

（臺灣總督府外事部調查資料　第六十五）

　　本篇係臺北帝國大學第一回海南島學術調查團第二班（農學班），乃著者於昭和十五年（1940）十二月二十一日至次年（1941）一月二十七日，前往海南島實地觀察調查報告。

　　本班次調查地區，包括：榆林、藤橋、南橋、興隆、萬寧、保亭、馬嶺、樂安、九所、感恩、薑園、東方、南豐、加來、和舍、臨高、儋縣、清瀾、海口、定安等區域。

　　全書主要內容，計分：緒言、海南島の畜產及家禽、牛、馬、豚、山羊、雞、鶩及鵝、蜜蜂、疾病、畜產加工品、貿易、牧野、家畜家禽の改良、引用文獻等十五項。並附有各項統計分析表，以供研究參考。

　　庋藏者：臺灣分館　040/Fd 97　　9354/19

3408

海南島家畜寄生蟲調查報告

　　杉本正篤撰　昭和十九年（1944）四月　臺北臺灣總督府外事部印行

　　（157）面　附圖　25公分　精裝

　　（臺灣總督府外事部調查　第一六八：資源・自然部門　第五十七）

　　本書係臺灣總督府外事部調查課，企劃實施「南方圈調查計劃」，由著者於昭和十八年（1943）二月至三月間，前往海南各地實驗調查「家畜衛生」，所提研究

報告。

　　全書主要內容，除緒言及附錄：海南島家畜寄生蟲調查日程及地域、參考書、圖版說明等三種，以供參考外，計分：前篇及後篇二大部份，共十一章十項九十八目，依次：

　　前篇　海南島家畜寄生蟲相：包括：第一章、原生動物，第二章、扁形動物，第三章、圓形動物，第四章、節足動物，第五章、環形動物。

　　後篇　海南島家畜寄生蟲對策：包括：第六章、畜牛及原皮奇生蟲對策，第七章、豚寄生蟲對策，第八章、山羊寄生蟲對策，第九章、犬寄生蟲對策，第十章、雞寄生蟲對策，第十一章、馬寄生蟲對策。

　　庋藏者：臺灣分館（新店書庫）　437.247/4322

四、社會類

(一)、民　俗

4101

海南島民族誌

　　平野義太郎編　　清水三男譯　　昭和十八年（1943）十一月　東京　畝傍書房印行

　　508面　有圖表　21公分　精裝

　　本書係著者司徒博（Stubel,H.）於1931-1932年，第二回在海南島旅行時，實地觀察及蒐集資料，整理編撰成帙。最大特色，係詳論黎族の農業、狩獵、商業、食物、器具及道具、織物、社會生活、健康狀態、住居地、民族性、男女服飾、結髮、紋身、歌謠、音樂、造形美術、宗教信仰、祖先祭拜、風水、土地神崇拜、家族生活習慣等，均作詳實分析著述，深具學術研究參考價值。

　　庋藏者：臺灣分館　868/Bd 138

4102

南支那民俗誌（海南島篇）

　　臺灣總督府外事部編　　昭和十九年（1944）　臺北　編者印行

173面　有圖表　21公分

（臺灣總督府外事部調查　第一一六：文化第九）

本篇係以王興瑞、岑家梧著《瓊崖島民俗誌》爲基礎，並參照中山大學民俗學會發行《民俗》、中國民族學會發行《民間》、《歌謠》週刊、北京大學發刊《語絲》等資料，編著成篇。主要內容，計分：社會團體生活、風俗、迷信、生活、節序、解說及註釋等六項。

庋藏者：臺灣分館（新店書庫）　538.82/4322-1

4103

海南島住民の人類學的研究調查（豫報）

金關丈夫撰　昭和十七年（1942）四月　臺北
臺灣總督府外事部印行　抽印本

58面　有圖表　26公分

（臺灣總督府外事部調查資料　第七十一）

本篇又名《海南島住民の手掌理紋に就いて》，係臺北帝國大學第一回海南島學術調查團第二班（農學班），乃著者於昭和十五年（1940）十二月至次年一月間，前往海南島實地調查，蒐集資料，就其住民中黎族、漢族、蛋民、三亞街回教徒等四個種族，在諸地方群中數百餘男女，分掌指三叉線、渦狀指紋の配合，詳加統計分析。主要內容，計分二編，共十二章三十八節，同時附有各種統計圖表及照片，以供研究參考。

庋藏者：臺灣分館　040/Bd 97

4104

海南島の住民

延島英一撰　昭和十七年（1942）六月　東京
ダイセモンド社印行

（24）面　有圖表　21公分

（南洋地理大系　第二卷別刷）

本篇係〈南洋地理大系〉第二卷中一篇，主要內容
，計分：島內の諸民族、漢族（瓊人、客家人、儋州人
及臨高人、廣東人、蛋家又稱艇家、三亞港附近回教徒
）蕃黎（黎族：黎分生黎及熟黎，有四種：本地黎、美
孚黎、岐、踤，以及苗族）等三大部份，並附有各項統
計圖表，以供參考。

庋藏者：臺灣分館　7709/G 7-2

4105

海南島支那人の生體人類學的研究
～其三　瓊山地方支那人の計劃～

忽那將愛　酒井　堅撰　昭和十九年（1944）三
月　臺北　臺灣總督府外事部印行　抽印本

（16）面　有圖表　25公分

（臺灣總督府外事部調查　第一二二：文化部門第
六）

本篇係臺北帝國大學第二回海南島學術調查團第一
班（經濟及民族關係班），乃著者於昭和十七年（1942

）二月至三月間，奉命前往海南島實地調查，在瓊山、海口附近、博鰲港等三地方群族，就其一百六十五名，二十五歲以上男女成人中，本生體計測結果，分析其體形身材（身長、耳珠高、胸骨上緣高、前胴壁長、坐高、全下肢長），頭部形狀（頭最大長、頭最大幅、頭耳高、前頭最小幅、顴弓幅、下顎角幅、容貌顏面高、形態顏面高、鼻高、鼻幅），指數（全下肢長比、頭形指數、頭長高指數、頭幅高指數、形態顏面指數、鼻形指數），列表統計，並以海南島漢民族與大陸漢族、滿州民族、臺灣客家、臺灣福佬，比較其特殊差異，以供研究參考。

　　　庋藏者：臺灣分館　040/Bd 97a

4106
海南島三亞回教徒の人類學的研究

　　　忽那將愛撰　昭和十九年（1944）三月　臺北臺灣總督府外事部印行　抽印本

　　　3面　有表　25公分

　　　（臺灣總督府外事部調查　第一二一：文化部門第五）

　　　本篇係臺北帝國大學第二回海南島學術調查團第一班（經濟及民族關係班），乃著者於昭和十七年（1942）二月間，奉命前往海南島，在三亞街回教徒群族，一百九十八名，二十歲以上成人男女中，從群生體角度觀

察，就其體質特性、頭髮皮色、體形身材等項，列表統計分析。並以三亞街回教徒群人種性與南方回教徒馬來系種族，美國黑人系人種群，比較其差異與關聯性。附有三亞回教徒の生體計測值（MM）及指數值表，以作研究參考。

　　庋藏者：臺灣分館　040/Bd 97

4107

海南島黎族の一部に就いて

　　宮本延人撰　昭和十七年（1942）三月　臺北
　　臺灣總督府外事部印行
　　（38）面　有表及圖片　26公分
　　（臺灣總督府外事部調查資料　第五十二）

　　本篇係臺北帝國大學第一回海南島學術調查團第二班（農學班），乃著者於海南島實地調查觀察結果，就其島中黎族分類，暨系統方法及觀點，著重在系譜傳承、祖先及子孫分派、移住等問題，研究民族基幹。

　　全篇主要內容，計分：緒言、秀英熟黎、南部東部方面黎族、西南部方面黎族等四項。另附錄各種圖片，以供研究參考。

　　庋藏者：臺灣分館　040/Fd 97

4108

海南島黎族の經濟組織

　　尾高邦雄撰　昭和十九年（1944）五月　海口
海南海軍特務部印行

　　168面　有圖表　21公分

　　全書主要內容，除序言及結論外，計分：

　　第一章　調查地概況（環境、住民、人口、移住の歷史）。

　　第二章　衣食住の樣式（部落の外觀、家屋、穀倉、乾燥場、牛舍、菜園、衣服、晴着、不斷着、寢着、裝身具、食事、食物、聚食、嗜好品）。

　　第三章　生產技術（農耕概觀、水田、水田面積と收量、燒畑、畑及菜園、養畜、狩獵、漁撈、手藝、手藝技術の種族別比較）。

　　第四章　勞働（分業、職業分化、協力、勞働と報酬、勞働觀念、遊戲）。

　　第五章　所有（土地所有、田畑の私有、小作關係、階級分化、家財、貸借、割符）。

　　第六章　交換（黎族間の交換、漢族との交換、邦人との交換、營利觀念、計數及度量衡）。

　　第七章　生產と儀禮（概說、趕鬼、雞卜、土地神）。

　　庋藏者：美國國會圖書館　HC428.H24 D3

4109

海南島重合盆地黎族

金關丈夫撰　（未著錄出版事項）　抽印本

（20）面　有表　21公分

本篇係論文抽印本，主要內容，計分：重合盆地の地理與重合盆地の住民等二大部份。附錄：各項統計表十一頁，以供研究參考。

庋藏者：臺灣分館　868/Bd　2

4110

海南島の土俗學的研究調査

宮本延人撰　昭和十七年（1942）四月　臺北臺灣總督府外事部印行　抽印本

（40）面　有表及圖片　26公分

（臺灣總督府外事部調查資料　第七十二）

本篇內封題名《海南島黎族の一部について》，係臺北帝國大學第一回海南島學術調查團第二班（農學班），乃著者於昭和十五年（1940）十二月二十一日至次年（1941）一月二十七日，前往海南島實地調查觀察，就其島中各地黎族分類，曁系統方法及觀點，以研討系譜傳承、祖先及子孫分派、移住、語言、信仰、服飾、婚嫁、飲食、耕作的問題。

全書主要內容，計分：緒言、秀英熟黎、南部東部方面黎族、西南部方面黎族等四項。同時附有各種圖片，以供研究參考。

庋藏者：臺灣分館　040/Bd 97

新店書庫　536.2815/3518

4111

海南島寺廟神に關する考察

　　宮本延人撰　昭和十九年（1944）三月　臺北
臺灣總督府外事部印行　抽印本

　　10面　有圖片　25公分

　　（臺灣總督府外事部調查　第一二三：文化部門第
七）

　　本篇係臺北帝國大學第二回海南島學術調查團第一
班（經濟及民族關係班），乃著者於海南島之瓊山及海
口兩地，實地觀察調查，就其市政府調查一百十三廟中
三十三廟，統計分析結果，以民家信仰關帝廟最廣，福
德正神（土地公廟）次之，而路傍小祠亦非常多。在報
告中特別介紹：三聖娘娘、洗太夫人廟、伏波祠、馬王
廟、西天老爺，並附有各地廟祠及神像圖片，以供研究
參考。

　　庋藏者：臺灣分館　040/Bd 97a
　　　　　　臺灣省文獻委員會　227/1

㈡、方　言

4201

海南語初步

　　村上勝太編　大正十一年（1922）十一月　臺北

臺灣總督官房調查課印行

　　310面　17公分

　　本書係編者於海南島實地觀察調查，蒐集參考資料，研究編輯成帙。以海口音爲基準，作爲支那共和國教科書國民讀本，主要內容，計分六冊（編），使用海南語的口語體翻譯日本語，若發現語體困難者，便以中日文對照，以利閱讀。

　　庋藏者：臺灣分館　3916/15

4202

日海會話

　　臺灣總督府文教局學務課編　昭和十四年（1939）一月　臺北　臺灣總督府文教局印行

　　294面　12公分

　　本書海南語，係以海南島標準語爲基準，地方俗語例以儋州語、臨高語等十一種爲主，若俗語難懂者，則採用中、日文字對照，以利閱讀。全書主要內容，計分：單語及會話等二篇，學習極爲方便。

　　庋藏者：臺灣分館　3916/14
　　　　　　臺大歷史系圖書館　405.34

4203

海南島讀本

　　南支調查會編　昭和十四年（1939）　日本　東

京　編者印行

　　203面　有圖表　21公分

　　本書以學習海南方言爲宗旨，主要內容計分：總論
、氣候及衛生、住民及都邑、貿易と商慣習、交通及通
信機關、重要農產業、二大特殊產業、牧畜水產工業、
林業、礦業、帝國聲明と支那人觀察、第三國權益と輿
論、東亞安定基地、海南島旅行案內等十三項，並附有
海南島全圖及寫眞照片。

　　庋藏者：臺灣分館　770/Bd 31

4204

海南語集成

　　勝間田義久編　昭和十四年（1939）八月　臺北
竹腰商店印行

　　147面　19公分

　　本書編者勝間田義久，時任海口市治安維持會指導
官，曾居住海南島十八年，親自經驗體認爲基本，以海
口市附近言語爲標準，編輯成帙。

　　全書主要內容，計分：會話篇、單語篇、語法篇，
學習方便，如海南島語較難者，輔以中國文字表示，俾
收日海語對照功用。

　　庋藏者：臺灣分館　940/Bd 11

4205

海南島語會話

臺灣南方協會編　昭和十六年（1941）八月　東京　三省堂（株式會社）印行

（255）面　冠地圖有表　13×18公分（橫本）精裝

本書編輯體裁，係採用日文解說，暨羅馬拼音方法，以瓊山、文昌、定安、瓊東、樂會等五縣語音爲準。

全書主要內容，計分：概說（1～16）、住宅用家具、寢室、食堂、臺所、食料品其他、魚類野菜、果物、庭園、船舶、病氣、宮廷、陸軍、商品、商業用語、帳場、仕立屋、織物商、大工、度量衡、禽獸類、綠戚、類別語、感嘆詞等三十九課。

庋藏者：臺灣分館　946/Fd 12

4206

實用速成海南島語讀本

王錦繡　陳紹宗撰　昭和十六年（1941）十一月　臺北　日光堂商會（合資會社）印行

283面　18公分

本書實用易曉，爲日軍南進基地語學自習教材，主要內容，計分：發音篇、單語篇、講話篇、會話篇。首刊海南島概況，末附國名地名、邦人會社名、五十音字正音字母對照表，以供參考。

庋藏者：臺灣分館　945/Bd 31

（四）、政　教

4301

支那事變ニ伴フ對南支那施策狀況（海南島）

臺灣總督府外事部編　昭和十五年（1940）一月
臺北　編者印行

（33）面（157～188）　有圖表　22公分

本編係《支那事變ニ伴フ對南支那施策狀況》一書
中，第四篇：海南島。主要內容，計分：政務及一般關
係、宣撫宣傳關係、醫療防疫關係、交通通信關係、公
共事業、一般產業經濟等六章十節。

另於第六篇第六節，係新南群島等群島ニ對スル施
設。

按南沙群島又稱團沙群島，日人稱新南群島，臺灣
在日據時期，併歸高雄州管轄。

庋藏者：臺灣分館（新店書庫）　572.9/4322

4302

海南島に於ける教育現狀

川崎茂雄撰　昭和二十年（1945）二月　臺北
臺灣總督府外事部印行

105面　有表　21公分

（臺灣總督府外事部調查　第一七四：文化部門第
十）

　　本書係日人川崎茂雄於海南島考察教育現況報告，主要內容，計分：海南島文化工作基調、海南島初等教育、中等教育、教育的實地見聞及土地の狀況等四章，附錄：瓊崖民間迷信奇習，以供參考。

　　庋藏者：臺灣分館（新店書庫）　520.92/4322

（檔案）

4303

海南島事業計畫

　　臺灣拓植株式會社調查　昭和十五年（1940）六月　臺北　臺灣拓植株式會社印行

　　乙冊（頁數複雜）　有圖表　25公分　毛裝

　　本《海南島事業計畫》，係臺灣拓植株式會社，派駐海南分支機構，於昭和十四年四月至十五年五月間，呈報之公文檔案，主要內容計分十六項，依次：

　　一、海南島全島一周報告書（臺拓海南農場陵水事務所長　後藤北面撰）

　　二、南支（海南島）臺拓ノ事業概況（臺拓南支課）

　　三、海南島農業調查並ニ拓植事業計畫（臺拓會社）

　　四、海南島稻作狀況調查書（臺拓調查班）

　　五、海南島森林調查報告書（臺拓調查班）

六、海南島有用作物基本調查（臺拓社長加藤恭平
）

七、熱帶產業試驗所設置計畫案（臺拓調查課）

八、海南島畜產改良事業計畫書（臺拓調查課）

九、海南島畜產改良事業計畫有關山根教授意見書

十、海南島應急施設並開發計畫案（臺拓調查課）

庋藏者：學者私人藏書

4304

海南島關係書類綴

臺灣總督府輯　昭和十七年（1942）　臺北　臺
灣總督府外事部輯行　油印本

2冊　有圖表　26公分　毛裝

本書係昭和十六年十二月至十七年九月期間，日本
派駐海口市總領事，向外務大臣所呈報文件檔案，屬官
式公文書性質。主要內容，包括：海南各種情況報告書
表，對研究海南淪陷區地方政情，實有重要參考價值。

庋藏者：臺灣分館　673.77/4322

（統計）

4305

海南島主要統計

臺拓公司編　昭和十四年（1939）三月　海口

臺灣拓殖株式會社印行

　　5頁（sheet）　　有表　　16公分

　　本《海南島主要統計》，係採列表及數字示之，主要內容，計分七表如次：

　　氣象：月別、溫度（最高、最低、平均）、雨量、降雨日數，備考。

　　面積：縣名（十三縣）、面積（單位方支里）、合計、備考（一方支里約0.027方里）。

　　人口：縣名（十三縣）、漢族、黎族、合計、備考。

　　產業：縣名（十三縣）、主要物產、備考。

　　貿易：移出入（移出、移入）、輸出入（輸出、輸入），各分：主要物貨、金額（單位：千元），於備考：民國二十三年統計，中華單位對照表

　　年號對照表：分紀元、西曆、日本、支那（民國）。

　　庋藏者：美國史丹福大學胡佛研究所東亞圖書館
　　　　　　　3073.34/3420　　V.6p　　230

（四）、衛　生

4401

海南島派遣臺北帝國大學學生勤勞報國團報告書

　　臺北帝國大學編　昭和六年（1931）　臺北　編者印行

73面　有圖表　21公分

本篇係臺北帝國大學，海南島學徒報國團實驗報告書。主要內容包括：臺北帝國大學總長訓辭、醫學部醫專班行動概況、農專班行動概況、報國隊有關各項命令訓練實施方案、海南島派遣勤勞報國隊意義、海南島勤勞報國隊紀實、海南島雜感、感想記集、瓊山中山學生體格調查、隊員名簿。同時附錄：昭和十五年（1940）度博愛會病院外來患者內科主要疾病別統計（海口）、暨海口、三亞溫度與濕度表，以供參考。

　　庋藏者：臺灣分館　777/Bd 1-p

4402

海南島の民族と衛生の概況

　　濱井生三撰　昭和十四年（1939）四月　東京東亞研究所印行　抽印本

　　94面　有圖表　26公分　包背裝

　　（第一部自然科學班－－自然・資源八）

本篇以海南島衛生情況為首要，係著者於海南實地觀察，調查蒐集獲取之基本資料，作系統性整理編纂成篇。主要內容計分：民族、人口、氣候、食料、衛生等五項，共有十九目。

　　庋藏者：臺灣分館　868/Bd 33

4403

海南島ニ於ケル寄生蟲學的基礎調查竝ニ研究

　　小林英一等撰　昭和十五年（1940）三月　臺北
臺灣醫學會雜誌印行　抽印本

　（5）面　有表　26公分

　　本篇係由小林英一、橫井憲一、河部國太郎等三人
仝撰。副題名：第二報《野菜ニ附着セル寄生蟲卵及寄
生蟲體の檢查》，係〈臺灣醫學會雜誌〉第三十九卷第
三號（通刊第四二〇號）別刷（抽印本）

　　全文主要內容，計分：緒言、材料及方法、檢查成
績、論議、總括等五項。同時附錄：參考文獻及英文摘
要，以供參考。

　　第一報　　マラリア脾腫の調查
　　第二報　　野菜ニ附着セル寄生蟲卵及寄生蟲體の檢
　　　　　　　查
　　第三報　　海口及瓊山兩市民の糞便檢查ニヨル腸管
　　　　　　　內寄生蟲の檢查
　　庋藏者：臺灣分館　892/Fd 3-p

4404

海南島住民の食品に就いて

　　吉村貞彥撰　昭和十七年（1942）四月　臺北
臺灣總督府外事部印行　抽印本

　10面　25公分

　（臺灣總督府外事部調查資料　第六十八）

　　本篇係臺北帝國大學第一回海南島學術調查團第二班（農學班），乃著者於海南島北部：秀英（海口附近）、清瀾、南部陵水、保停、藤橋、榆林、三亞街、馬嶺、九所、樂安、感恩、玉疊村（石碌山麓）、東方等十三個地方。就其漢人、回教徒、黎族、苗族中，土民居住地方食品，分主食物、副食物、以及嗜好品三項，分別詳細調查紀錄，依各地居民の食品，列表分析說明，以供研究參考。

　　庋藏者：臺灣分館　　040/Fd 97　6975/130

4405

海南島產食品の應用微生物學的研究

　　吉村貞彥撰　昭和十七年（1942）四月　臺北

　　臺灣總督府外事部印行　抽印本

　　16面　有圖表　25公分

　　（臺灣總督府外事部調查資料　第六十九）

　　本篇係臺北帝國大學第一回海南島學術調查團第二班（農學班），乃著者於海南島實地觀測調查，蒐集資料，分析試驗。

　　本次採集物材，包括：海南島產之米、薯及砂糖等釀造原料，計南部六個地方十種，北部五個地方六種酵母試材。就其蒸溜酒釀造方法，所用器具形狀、大小、重量、顏色，並以供試材蒐集地別、分離菌分布，分別列表分析比較，個別詳實紀錄，各分離菌形態、生理、

類緣，以供研究參考。

　　庋藏者：臺灣分館　　040/Bd 97　983.3/50

4406

海南島記

　　正岡幸孝撰　昭和十七年（1942）九月　東京博文館印行

　　244面　有圖表　21公分

　　（博文館戰線實記）

　　按《海南島記》，或る軍醫の診療記，乃著者（時任海軍軍醫少佐）於海南島作戰時，參加した海軍陸戰隊軍醫長の手記，銃砲火の第一線に惡疫豫防と宣撫治療の重大任務，描述いた海軍軍醫として初めての秀扎た診療手記。

　　本書經查詢臺灣地區各文教機構，暨公私立圖書館，並未藏有此書，似已佚傳，殊爲憾惜。

　　資料來源：海南島（月刊）第二卷第七期刊載。

（五）、建　設

4501

海南島とその開發

　　馬場秀次撰　昭和十六年（1941）　東京　武藏書房印行

　　222面　有圖表　21公分

本書係著者於海南島視察旅遊，實地調查紀錄資料，整理編著成帙。主要內容，包括：東部地方、三亞陵水、西南海岸、北西部地區巡視、海口市附近、黎人の話、開發事業展望等七篇，計六十六項。

　　庋藏者：臺灣分館　4846/102　777/Bd 384

4502

海南島開發事情

　　水越幸一講　昭和十六年（1941）十一月　臺北臺北商工會議所印行

　　14面　21公分

　　（〔臺北商工會議所〕調查資料　第二十輯）

　　本小冊子係「臺北鐵道ホテル」開催，「臺北商工會議所」主催之講演會，於昭和十六年（1941）十月四日，由該會議所前理事水越幸一氏の講演速記，整理成篇而印行。

　　全篇主要內容，概略如次：海南島與臺灣於南中國海，在國防戰略上重要地位。暨海南島的自然環境、經濟資源、政治、社會、教育、民俗等現況，以及水越幸一氏於四度前往海南島內，參加一般情況視察，日人「進出會社」試作地，考察會社事業試驗時代，各項開發事業計畫之研究調查及經過報告。

　　庋藏者：臺灣分館　079/202

4503

海南島の開發と臺灣

青木　茂撰　昭和十八年（1943）八月　東京　國際
日本協會印行　抽印本

（18）面（217～234）　21公分

（臺灣經濟年報　第三輯）

本篇係《臺灣經濟年報》第三輯（昭和十八年版）
、第二部〈南方圈建設と臺灣產業〉中第六章別刷本。

本文著者青木　茂，時任臺南州產業部長，亦係前
總督府海口出張所長。其主要內容，計分五節如次：

第一節　支那側の開發計畫

第二節　臺灣との對比

第三節　開發の現狀（昭和十七年十月）

　　　㈠政治行政關係

　　　㈡文化工作

　　　㈢產業關係

　　　㈣交通關係

　　　㈤土木關係

第四節　開發についての臺灣の協力

第五節　將來への展望

庋藏者：臺灣分館　0754/115　205/Fd 410

4504

海南島建設論

吉川兼光撰　昭和十七年（1942）七月　東京　大阪屋號書店印行

（353）面　有像及圖表　19公分　精裝

本書係著者親往海南島實地觀察調查，參考中日文獻資料，編撰是冊。

全書主要內容，計分：海南島史、海南島地誌、海南島社會構成、海南島行政機關、海南島生產經濟、海南島資源、海南島交換經濟、海南島交通、東亞に於ける海南島の意義、海南島建設諸問題等十章，計三十九節。

庋藏者：臺灣分館　210/Bd 89　4846/100

4505

香港、海南島の建設

秀島達雄撰　昭和十七年（1942）　東京　松山房印行

（248）面（123～369.）　有圖表　21公分　精裝

本書係以陳銘樞編纂《海南島誌》爲基礎，暨著者於上海東亞同文書院大學在職中調查研究，參考最近資料，編著此冊。

全書共兩篇，其中海南島篇，主要內容，計分：海南島の性格（土地及住民、沿革、司法及行政、幣制及金融、財政、教育宗教衛生），海南島與各國關係（日本、佛蘭西、英吉利、美國），海南島軍事（國防）上

地位，海南島開發計畫（政治、文化、經濟、交通建設
），水利計畫等五章。附錄：海南島名勝古蹟暨各關係
條約，以供參考。

夌藏者：臺灣分館　100/B 4　100/Bf～Bd 435

4506

海南島建設展望

菊川逸雄撰　（未著錄出版事項）　手寫本

110面　25公分　包背裝

本篇係著者手寫本，自裝成冊（稿紙印有臺灣拓殖
株式會社），唯未公開發行。

全書主要內容，計分：緒言、交通建設、農村建設
、農林特產、漁業建設、鹽業建設、鑛業建設、荒地問
題、工業建設、其他重要問題、結論等十一項。

夌藏者：臺灣分館　400/Bd 1

4507

最近の海南島經濟

勝間田義久譯　昭和十三年（1938）十二月　臺北
臺灣時報印行　抽印本

（34）面　有圖表　20公分

本篇刊於〈臺灣時報〉（昭和十三年十月至十二月
號），其重要內容，依目次：

一、海南島經濟の本質

二、海南島經濟の沿革

三、海南島財政金融の趨勢：中央財政、省財政、地方財政、幣制、金融

四、海南島內外貿易狀態：商業本質の分析、國內貿易、對外貿易、貿易入超抵償問題

五、海南島の工業：輕工業、重工業

六、海南島の農業：土地分配、農民階級、農產分布狀態、產量、販路、漁鹽

七、海南島の交通：自動車道路、海上交通、航空

八、海南島經濟の出路

庋藏者：臺灣分館　052/BJ 2

五、史地類

(一)、史　與

5101

海南島史

　　小葉田淳撰　昭和十八年（1943）十二月　臺北東都書籍株式會社臺北支店印行

　　（357）面　有像及圖表　22公分　精裝

　　本書係依據漢籍文獻學角度考察，亦就是從漢人開拓，統治經過，以及漢人統治發展立場，觀測海南在歷史方面推移，尤其對化黎問題，更有詳實分析闡述，乃目前介紹海南島最有系統之史書，深具參考價值。

　　全書採用史學體裁，主要內容，計分：黎明期、開發期、近代（明代）、及近代（清代）等四章，共十三節。

　　庋藏者：臺灣分館　730/Bd 341

5102

海南島明細圖

　　臺灣總督府臨時情報部繪　昭和十三年（1938）臺北　繪者印行

　　乙幅　彩圖　板框：103×118公分

比例尺：二十四萬九千分之一

按《海南島明細圖》，係白沙、樂東、保亭三縣，未建置前之輿圖。

庋藏者：臺灣分館　778/Fd 88-p

5103

海南島全圖

臺灣總督府臨時情報部編　昭和十三年（1938）臺北　臺灣時報印行

乙幅　彩圖　板框：60×77公分

比例尺：五十萬分之一

庋藏者：學者私人藏書

5104

海南島全圖

臺灣拓殖株式會社編　昭和十四年（1939）十一月　臺北　該會社印行

乙幅　彩圖　板框：57×45公分

比例尺：六十萬分之一

庋藏者：美國史丹福大學　3103.34/4351

5105

最新詳解海南島大地圖

東亞地理調查會編製　昭和十六年（1941）　臺

北　日光堂商會（合資會社）印行　改訂第三版

乙幅　彩圖　板框：47×73公分

比例尺：三十七萬五千分之一

本圖採用四六全紙製繪，係八色鮮麗之彩圖。主要內容，包括：

一、漢區黎境十六縣色別鮮明，山岳、平野、河川、港灣，明瞭精細。

二、市鎮村邑、交通道路、地上產業、地下資源、海產、精密註解。

三、附製：蘭印、佛印、南洋全圖、海口市街圖、西沙島位置圖，以供研究參考。

庋藏者：臺灣分館　778/Fd 113-p

5106

海南島全圖

臺灣總督府內務局土木課編　昭和十六年（1941）

臺北　編繪者印行

乙幅　彩圖　板框：50×65公分

比例尺：二十五萬分之一

庋藏者：臺灣分館　778/Fd 362-p

5107

海南島全圖

臺灣總督府內務局土木課編　昭和十七年（1942）

臺北　編繪者印行

乙幅　彩圖　板框：51×64公分

比例尺：五十萬分之一

庋藏者：臺灣分館　778/Fd 322-p

5108

海南島全圖

臺灣總督府內務局土木課繪製　昭和十八年（1943）八月　臺北　南方資料館印行

乙幅　彩圖　板框：51×64公分

比例尺：五十萬分之一

本圖係四色彩圖，於圖之右下角，附有凡例，詳說圖號及記載事項：市鎮、著名村莊、自動車道（一等道）、必要道（分二等道及三等道）、山脈高低線、河海等，皆分別註記，深具研究參考價值。

庋藏者：臺灣分館　778/Fd 322a-p

5109

海南島寫真大觀

池上清德編　昭和十四年（1939）　臺北　海南寫眞大觀社印行

乙冊（未標面數）　有圖片　21×31公分（橫本）精裝

按《海南島寫眞大觀》，係屬照片簿冊性質。主要

內容，計貼有：海南島文物、先賢、名人，以及各縣市之名勝古蹟等圖片，深具研究參考價值。

　　庋藏者：臺灣分館　4846/98

　　　　　　國防研究院圖書館　673.33/3232

5110

海南島產業全圖

　　昭和十九年（1944）

　　Map：50×64公分

　　Scale:1:500,000

　　Rlue print

　　庋藏者：美國史丹福大學胡佛研究所東亞圖書館

4359.321/3420a　V.6p230 3420a

（二）、地　誌

5201

海南島地志抄（瓊州府志）

　　東亞研究所譯　昭和十七年（1942）　東京　譯者印行

　　（502）面　有圖表　21公分

　　（資料丙　第二四一號 C）

　　按《海南島地志抄》，係根據清道光二十一年（1841）修，光緒十六年（1890）補刊本，《瓊州府志》（四十四卷），暨海南島實地調查參譯成書。

全書主要內容，計分：自然、財政、經濟、軍事、黎族、勅等六章，共二十節。附錄：海南島沿革略，以供研究參考。

　　庋藏者：臺灣分館　770/Bd 683

5202

海南島志

　　陳銘樞總纂　臺灣總督官房外事部譯　昭和十四年（1939）三月　臺北　南支南洋發行所印行

　　（436）面　有圖表　22公分

　　按《海南島志》日譯本，係根據民國二十二年（1933）一月，上海神州國光社刊本譯行，並附錄：「海南島奧地旅行報告」。

　　全志主要內容，計分：土地、氣候、人民、地方行政、司法、警衛、黨務、地方團體、財政、教育、宗教、交通、農業、林業、鑛產、鹽業、水產、工業、貿易及金融、衛生、社會事業、名勝古蹟等二十二章，共一一三節。

　　庋藏者：臺灣分館　770/Fd 30

5202-2

海南島志

　　臺灣總督府熱帶產業調查會編　昭和十六年（1941）二月　臺北　編者印行

410面　有圖表　25公分

按《海南島志》日譯本，係根據陳銘樞總纂，曾蹇主編，民國二十二年（1933）一月，上海神州國光社發行本翻譯。

全書主要內容，計分：土地……名勝古蹟等二十二章，共一一三節。附錄：海南島溫泉、黎苗傜伎、海口築港計畫等六種，暨海南島全圖等圖片七幀，以供研究參考。

庋藏者：臺灣分館　770/Bd 30a

5202-3

改訂海南島志

陳銘樞總纂　井出季和太譯　昭和十六年（1941）二月　東京　松山房印行

395面　有圖表　25公分　精裝

本《海南島志》日譯改訂本，係根據民國二十二年（1933）一月，上海神州國光社刊本改訂譯行。

全志主要內容，除第二章氣候外，其餘包括原志二十一章，改譯爲八十節。附錄：海南島の現勢，以供研究參考。

庋藏者：臺灣分館　770/Bd 30

5203

海南島

後藤元宏撰　昭和七年（1932）　東京　武道社印行

232面　有圖表　19公分　精裝

（南支那海之一大寶庫）

本書係著者於海南島實地調查，蒐集資料，撰成此冊。主要內容，計分：緒言、旅行日程、島勢概況（位置、住民、交通、金融、貿易、政治、教育、宗教）、產業（農業、林業、鹽業、漁業、畜產業、鑛業）、結論等五項。

戾藏者：臺灣分館　4846/37　770/Bd 311a

5204

海南島

臺灣總督官房調查課編　昭和十四年（1939）臺北　南洋協會臺灣支部印行

（640）面　有圖表　22公分

本《海南島》，主要內容，計分：地誌、宗教、教育、政治、產業、交通通信、財政金融、貿易等八章，共四十一節。附錄：瓊崖島五縣農藝調查報告等五項，以供參考。

戾藏者：臺灣分館　4846/51p　770/Bd 35

5205

海南島

大塚令三撰　昭和十五年（1940）　南京　中支建設資料整備事務所編譯部印行

58面　有圖表　21公分

（編譯彙報　第二十九編）

本書係根據張維漢著《海南島》（民國二十六年七月五日出版）日譯本。全書主要內容，計分二編，依其目次，臚述於次：

第一編　海南島（計分九章）　張維漢著

　　第一章　緒言

　　第二章　海南島の東洋に於ける重要性

　　第三章　海南島の軍事上の重要性

　　第四章　海南島の防守計畫

　　第五章　海南島の產業狀況

　　　　第一節　林業

　　　　第二節　農業

　　　　第三節　鹽業

　　　　第四節　漁業

　　　　第五節　牧畜業

　　　　第六節　鑛業

　　第六章　黎人の開化

　　第七章　海南島と台灣との比較論

　　第八章　國民政府ガ爲すべき施設事項

　　第九章　結論

第二編　海南島に關する文獻目錄，計分：

例言

　一、單行書冊

　二、雜誌所載資料

　三、他書記載文獻目錄

庋藏者：臺灣分館　770/Bd 34

5206

海南島

中原利一撰　南方產業調查會編　昭和十六年（1941）　東京　南進社印行

（144）面　有圖表　18公分

（南進叢書　二）

本《海南島》，主要內容，計分：自然と人、社會文化、政治及經濟、產業交通等四章，共二十八節。

庋藏者：臺灣分館　770/Bd 701

5207

海南島

柴山武德撰　昭和十七年（1942）　東京　日本拓殖協會印行

180面　有圖表　18.5公分

（拓殖叢書　第二篇）

本《海南島》，主要內容，計分：略史、海南島調查及開發計劃、土地、住民、縣市狀況、衛生、產業、

財政及金融、貿易、交通及運輸、政治及外交、文化事業等十二章，共有四十七節。附錄：東沙群島、西沙群島，以及參考文獻等資料。

庋藏者：臺灣分館　4846/101　770/Bd 686a

5208

海南島全貌

後藤元宏撰　昭和十四年（1939）三月　東京　正則英語學校出版部印行　五版

（278）面　有圖表　20公分

海南島於第二次大戰期間，由於軍事與經濟上的重要性，深受世人注視。著者由三菱合資會社資助，前往海南實地調查研究，以供進行開發之參考。

本書於昭和十四年（1939）三月一日發行，經增補後於同月五日再版，十日第五版發行，顯見本書深具研究參考價值。全書主要內容，依其目次，著列如次：

一、島勢概況

　　㈠位置：面積、地勢、港灣、氣候

　　㈡住民：人口、種族、風俗、在住外人

　　㈢交通：運輸機關、水路、船舶、河川港灣、通
　　　　信狀態

　　㈣金融：通貨、度量衡、物價、勞銀

　　㈤貿易：商業（外商及建築物）、關稅

　　㈥政治：教育、宗教

二、產業

㈠農業：米、砂糖、護謨、椰子、檳榔、益智、
芥粉、珈琲、棉花、煙草、波蘿、落花生、藍
、茶、蠶絲、籐、大麻、黃麻、苧麻

㈡林業

㈢鹽業

㈣漁業

㈤畜產業

㈥鑛業

三、結論

四、旅行日誌

疭藏者：美國國會圖書館　HC 428.H24 G68

5209

南支那の寶庫海南島

結城源心撰　昭和十四年（1939）　東京　宮越
太陽堂印行

乙冊　有圖表　21公分

疭藏者：臺灣分館　4846/73

5210

海南島の研究

千葉燿胤撰　昭和十四年（1939）　東京　財團法
人貿易獎助會印行

132面 有圖表 22公分

（財團法人貿易獎助會：獎助資料 第廿三輯）

本《海南島の研究》，主要內容，計分：緒言、海南島地理概要、研究材題、住民研究、沿革大要、貿易狀態、資源考察、港灣問題、結論等九項。

庋藏者：臺灣分館 770/Bd 931

5211

海南島の話

川島 元撰 昭和十四年（1939）九月 東京 新生堂印行

（77）面 有圖 19公分

本書著者川島 元軍曹，於南支派遣軍報道部勤務，參加海南島攻略戰爭之際，蒐集資料及觀察所得，撰著成帙。以作全島宣撫問題及文化工作參考。全書主要內容，計分：

一、海南の椰子島：港灣、河川、山岳、氣候、鑛物、植物、獸類、鳥禽、昆蟲

二、島の住民：

黎族～結髮の型式、服裝、農業、狩獵、交易、宗教と迷信

苗族～住宅、服裝、部落生活、漁獵、統治

支那人～海外への進出（華僑）

三、島の施設：都城、望樓、統治、學校、道路、

車運、舟運、市場、郵便局、支那海關、外國
領事館

四、產業と產物：米、竹、椰子、染料、胸飾、椰
子葉扇子、膠、革、波羅蜜、羽根飾、荔子、
莫薩、植物油、瓊麻、鴨、繩、鹽、蛇、燒物
、諸器具、筒麵、繭輸出

五、基督教傳道：天主教、耶蘇教～海口及瓊山縣
城、那大、嘉積。

附錄　廣東放送網：廣東重成層、有日放送室、放
送白話劇、四座放送塔。

庋藏者：臺灣分館　4846/74

5212

實用海南島案內

東亞地理調查會編　昭和十六年（1941）　臺北
日光堂商會（合資會社）印行

98面　19公分

本《實用海南島案內》，係屬〈指南〉性質。主要
內容，計分：島志、地理、民族、天候、交通、農業資
源、治安及衛生、將來の海南島等八編，共四十一章六
十七節。

庋藏者：臺灣分館　775/Bd 184

5213

曉の海南島

伊藤金次郎撰　昭和十七年（1942）十一月　日
本　大阪　忠文館書店印行

321面　有像及圖表　19公分

本《曉の海南島》，係著者以私の海南島視察，實
地蒐集資料，撰述成帙。主要內容，計分：曉の海南島
、海南島週遊、在來改造する、蕃族概觀、古今の海南
島、古怪篇等七篇，共六十三項。

庋藏者：臺灣分館　777/Bd 519

5214

海南島總論

佐藤　弘撰　昭和十七年（1942）六月　東京ダイ
セモンド社印行　抽印本

（40）面　有圖表　21公分

（南洋地理大系　第二卷）

本《海南島總論》，係〈南洋地理大系〉第二卷別
刷（抽印本）。全篇主要內容，計分：地理位置、地形
（山嶽、河川、海岸）、氣候（氣溫、雨量、風）、地
質、人口及住民、農業人口（農業戶數、耕地、農家生
活狀態）、華僑、產業（農業、畜產業、水產業、製鹽
業、鑛業、工業）、商業及貿易、以及結論等十大項。

庋藏者：臺灣分館　7709/G 7-2

5215

廣東省概說（海南島）

臺灣總督官房外務部編　昭和十三年（1938）十二月　台北　編者印行

（86）面　有表　21公分

按《廣東省概說》書中第一章（地誌）第十一節（島嶼）部分，包括：海南島及東、西沙群島，其主要內容，計分：

海南島：地誌（位置及面積、地勢、氣候風土、人口及住民、都邑）、產業（農業、養蠶業、畜產業、林業、木材業、鹽業、水產業、鑛業、工業、糖業、製革業、製油業、罐詰業、窯業、炭業、椰殼器、印刷業、牛皮器、織布業、製鞋業、權度業、製冰及汽水製造業、石鹼業、玻璃業、燒青業、雜工業、電業事業）、交通（港灣、公路、航空、郵政、電信電話、鐵道建設計畫）、貿易及金融（貿易、金融：貨幣、銀行及其他金融業）、外國關係（列國權益及勢力、清佛不割讓條約）。

東、西沙群島：東沙群島、西沙群島（新月島群、海神島群、金銀島、甘泉島、珊瑚島、伏波島、大三腳島、林島、石島、樹島、中島、北島、南島）。

庋藏者：臺灣分館　4846/48

5216

南支那綜覽（海南島）

臺灣總督府外事部編　昭和十八年（1943）五月　臺北　南方資料館印行

（131）面（1005～1134）　有圖表　21公分　精裝

（臺灣總督府外事部調查　第九十七：一般部門第十四）

本篇係《南支那綜覽》一書中第三篇《海南島》，主要內容，計分四章九節，包括：總說、教育宗教、農林業畜產業及水產業、鑛業及工業。附錄四：東沙群島、西沙群島等資料，以供研究參考。

庋藏者：臺灣分館　770/BC 853

新店書庫　670.8/4322

5217

海南島事情

臺灣總督府專賣局輯　大正八年（1919）一月　臺北　輯者印行

（81）面　有表　21公分

按《海南島事情》，係輯錄海南島相關事情四編成為一冊，並以日文譯本印行，以供研究參考。其主要內容，諸如目次：

一、瓊崖實業（李壽如調查報告書），計分：路政、航政、鹽政、漁政、森林、礦山、官有荒蕪地、產物、黎民、銀行等十項。

二、傳道旅行日記二編，係海南島米國宣教師，於
　　大正六年（1917）秋，傳道旅行日記抄譯本。

三、海南島概觀（米國宣教師嶺南旅行記中，有關
　　海南島部分譯印本），計分：總說（地形、政
　　治區劃、植物、動物、氣象、人文、宗教、人
　　口）、重要地方（海口、瓊州府、澄邁、臨高
　　、楓林、南豐、蕃地）。

四、海南島略圖一葉（缺頁）。

庋藏者：臺灣分館　　4846/31

5218

海南島事情（其二）

臺灣總督官房調查課編　大正十年（1921）十一
月　臺北　編者印行

148面　有圖表　22公分

（支那及南洋調查　第五十一輯）

本《海南島事情（其二）》，主要內容，計分：交
通、黎情、森林、農產、礦產、鹽田等六章、共四十四
節。

庋藏者：臺灣分館　　770/Bd 26

5219

海南島事情

南方會編　昭和十一年（1936）十月　東京　編者

印行

44面　有圖表　21公分

本《海南島事情》，主要內容，計分九編，共二十九章，附錄：海南島後記。諸如目次：

第一編　總論：位置及地勢、山嶽地帶、平野地帶、河川、港灣。

第二編　氣象：溫度及雨量、風位、衛生。

第三編　交通：海上交通、島內交通、通信。

第四編　住民及都邑：島民種別、瓊州府及海口、加積府、陵水府、定安、金江、萬州、其他。

第五編　貿易及商業：輸出入、交易機關、外國商社、島內商業。

第六編　產業及資源：農林產、畜產、礦產、水產、工產。

第七編　政府及教育：統治機關、教育制度。

第八編　風俗及言語：通語、風俗、黎人部落。

第九編　現勢及將來。

庋藏者：臺灣分館　770/Bd 27-p

5220

最近の海南島事情

臺灣總督府熱帶產業調查會編　昭和十二年（1937）五月　臺北　編者印行

54面　有像及圖表　21公分

（臺灣總督府熱帶產業調查會叢書　第四號）

按《最近の海南島事情》，係在廣東帝國總領事館調查。主要內容，計分：位置及面積、地勢（山嶽、河川、港灣）、沿革、氣候、交通、都邑、民族及言語、宗教及教育、財政及金融、鑛業、漁業及鹽業、農業、貿易等十三節。附錄：各項圖表，以供研究參考。

庋藏者：臺灣分館　770/Bd 482-p

5221

海南島最近事情

勝間田義久撰　昭和十二年（1937）十二月　東京熱帶文化協會印行

（83）面　有表　21公分

本《海南島最近事情》，係著者原住在海南島十八年，於民國二十六年（1937）七月，蘆溝橋事變返日本，乃根據實地調查資料，撰述成帙。

全書主要內容，計分：位置、面積、地勢、港灣（海口、榆林、清瀾、新英）、河川、地質、氣候、雨量（暴風）、住民（人口、種族、言語）、重要都市（瓊州府、海口市、嘉積市、那大市、三亞市）、行政、軍隊、教育、宗教、運輸交通（海路、陸路、鐵道敷設計畫、航空路、電政）、貿易（國內貿易、對外貿易）、財政、幣制、產業、農業、鑛業、漁業、鹽業、林業、

工業（織布業）、畜產等二十六大項。

　　厎藏者：臺灣分館　770/Bd 481-p

5222

海南島現勢大觀

　　勝間田善作撰　昭和十三年（1938）七月　高雄
撰者印行

　　（15）面　19公分

　　本《海南島現勢大觀》，係著者原住在海口市時，
於昭和十二年（1937）八月二十一日，奉廣東總領事中
村命令返臺，乃就其海南島實情，撰著成帙。

　　全篇主要內容，計分：位置、面積、氣候、住民と
人口、港灣、產業、貿易、資源、交通、思想、軍備、
航空、通信、教育等十二項。

　　厎藏者：臺灣分館　4846/45　770/Bd 26-p

5223

現下の海南島事情

　　東洋協會調查部編　昭和十四年（1939）二月　東
京　東洋協會印行

　　40面　有地圖　21公分

　　（東洋協會調查資料パンフレット　第卅八輯）

　　本《現下の海南島事情》，主要內容，除附錄：東
洋時事日誌外，依其目次，計分：

第一　海南島の全貌：地勢、港灣、交通、住民。

第二　海南島の資源：農產、林產、水產、鑛產。

第三　海南島の重要性：開發計劃、國際關係、軍略要地。

庋藏者：臺灣分館　770/Bd 543-p

5224

海南島調查書

臺灣總督府臨時南支調查局編　昭和十三年（1938）臺北　編者印行

（73）面　有表　21公分

（南調　第一號）

本《海南島調查書》，主要內容，計分十章，共三十九節，諸如目次：

第一章　地理及氣候：包括位置及面積、地勢、氣候風土。

第二章　住民：包括戶口、言語、宗教、民情風俗、生計、僑情（附錄：黎、苗、俸、伎）。

第三章　都邑。

第四章　交通：包括港灣、公路、航空、郵政、電信電話、鐵道建設計劃。

第五章　政治及行政：包括地方行政、司法、防備、警察及保甲、衛生、黨務、地方團體。

第六章　教育及社會事業：包括學校教育、社會教
　　　　化、社會事業。

第七章　財政：包括概說、中央收入、省財政、縣
　　　　市財政。

第八章　貿易及金融：包括貿易、金融。

第九章　產業：包括農業（養蠶業及畜產業）、林
　　　　業、鹽業、水產業、鑛業、工業（附錄：
　　　　電氣事業）

第十章　海南島に關する外國關係、清佛不割讓條
　　　　約。

庋藏者：臺灣分館　4846/50　770/Bd 281-p

5225

海南島調查書

　華南銀行編　昭和十五年（1940）九月　臺北　株
式會社華南銀行印行　油印本

　36面　有表　25公分

　（華銀調查書　第八十五號）

　本《海南島調查書》，係株式會社華南銀行海口駐
在員調查報告。主要內容，計分十三章，諸如目次：

第一章　地誌：土地、住居、氣象、主要都市

第二章　宗教

第三章　教育

第四章　政治

第五章　產業：農業、牧畜、林業、鑛業、水產業

第六章　交通及通信：海運、陸上交通、通信機關

第七章　通貨

第八章　金融

第九章　貿易

第十章　農政委員會（原文被清除）

第十一章　海南島物資交易所

第十二章　華僑

第十三章　結論

庋藏者：臺灣分館　309/G 1　770/Fd 811-p

5226

海南粤西線調查報告書

日本東亞同文會調查　明治四十年至大正一年（1907～1912）　手稿本（炭素紙複寫）

4冊　有圖表　22.5公分　線裝

（支那各地調查報告書　第一三九至一四二冊）

按《海南粤西線調查報告書》，係日本東亞同文會與日本上海大同書院，第三期派員組隊前往海南、廣東、廣西實地觀察，所撰調查報告書。

本調查報告書，主要內容，計分三卷十六編七十四章一七一節，其中相關海南文獻資料者，依次：

卷一　地理：海南位置、地勢、氣候、沿革、行政區劃、人情風俗、產物、瓊州府城及瓊山縣海口市。

　　卷二　海南經濟資源：資本家勞働者、勞働者事情、瓊州府勞働者概況（苦力、轎夫、東洋車、小車者、皮匠、船夫）、田圃及宅地、農業（瓊州府農業概況、米、麥類、麻、甘蔗、養蠶）、畜牧（養豬事業、水牛及馬）、林業鑛山業及工業（瓊州府林業現況）。

　　卷三　商業貿易：海南貿易大勢、海口貿易現狀、商賈及組合（海口商賈及組合現況）、度量衡（海口度量衡制度）、貨幣：海南通貨（總說、瓊州及海口通貨現況、種類、各貨換算相場、各貨流通數量、鄉下通貨狀況）、金融：海南（海口金融狀況、金融機關＝海關、銀號～當、換金、匯兌）、主要商品：各埠貿易大勢（瓊州府海口市、都市＝海口市及其他市鎮）。

　　本調查報告書，就體裁說：乃仿中國地方志書體裁及風格，依省府州廳縣市等建置著錄之。就結構言：先分卷數，再按編、章、節、款、項、目等次序，以構成完整體系。就內容論：概分為：總說、地理、歷史、經政、產業、財政、禮俗，以及結論，皆作詳細析論。並就十年（1899～1908）間，有關海南各項資料，列表統計分析，頗具研究參考價值。

　　庋藏者：臺灣分館　7709/B5　V.139～142

5227

海南島瞥見

　　佚　名撰　未著錄出版事項　油印本

（13）面　27公分　毛裝

按《海南島瞥見》著者不詳，亦未著錄出版事項，內頁題名《海南島の全貌》。主要內容，計分：位置、面積、地勢、氣候、住民、交通、主要都市、教育、動物、農業、畜產、皮革業、林業、鑛業、工業、商業、貿易、治安，以及結言等十九項。

庋藏者：臺灣分館　770/Bd 25-p

5228

廈門、廣東、海南島

中越榮二編纂　昭和十四年（1939）　臺北　南方文化經濟研究會印行

乙冊（面數複雜）　有圖表　21公分

（南方叢書　第一輯）

按《廈門、廣東、海南島》，係採集相關論文彙輯成帙。其中有關海南文獻部份，計有：井上謙吉撰《現下の海南島》，勝間田義久撰《最近の海南島經濟》，暨《海南島》等三篇。

庋藏者：臺灣分館　484/17　7704/BC 1

5229

香港と海南島

朝日新聞社東亞問題調查會編　昭和十四年（1939）一月　東京　朝日新聞社印行

（41）面（85～124）　有圖表　19公分　精裝
（朝日東亞リポート　第一冊）

按《香港と海南島》，其中第二編：海南島，主要
內容，計分：緒言、位置、沿革、住民、政治、文化及
教育、交通、都邑及港灣、產業、商工業、開發計劃、
軍事的に見た海南島、海南島の國際關係等十三項。

附錄：廣州灣及關係條約，以供研究參考。

庋藏者：臺灣分館　4846/53
　　　　　新店書庫　552.338/5176

5230

海南島より佛印て

井出淺龜撰　昭和十六年（1941）十二月　東京
皇國青年教育協會印行　三版

263面　有圖表　19公分

本《海南島より佛印て》，係著者於昭和十四年（
1939）春二月，前往海南寶島旅遊紀實《海南島遊記》
。主要內容，舉凡海南島歷史、沿革、地理、位置、物
產、資源、民情、風俗、名勝、社會、政經、軍事等，
皆作詳實紀事。

庋藏者：臺灣分館　777/Bd 367

(三)、四　沙

5301

東沙島在支那海位置圖

未著繪者及出版事項（出版者、地、年月）

乙幅　圖框高50.5公分　寬41.7公分　無比例尺

本位置圖，於〈海圖記號〉、〈底質符號〉，具有〈凡例〉性質，說明甚詳，在圖中僅以〈記號〉或〈符號〉表示之。

庋藏者：美國史丹福大學

5302

東沙島海道專圖

未著繪者及出版事項（出版者、地、年月）

乙幅　圖框高50公分　寬60公分　無比例尺

本海道專圖，於〈海圖記號〉、〈底質符號〉，具有〈圖例〉作用，解說極詳，在圖上僅以〈記號〉或〈符號〉表示之。

庋藏者：美國史丹福大學

5303

西沙群島沿革誌

小畑政一調查　（未著錄出版事項）　打字油印本

4頁　25公分　毛裝

本篇又名：西沙群島ノ沿革誌（概說），係根據臺灣總督府，於大正十三年（1924）調查記錄。主要內容，乃略記西沙群島位置、物產、鑛產之天然條件，何瑞

年採鑛情況，何氏與日人訂立開鑛契約經過，以及何氏略歷與西沙群島所有權理由等。

庋藏者：學者私人藏書

5304

西沙群島調查報告

沈鵬飛撰 （未著錄：譯者及出版事項） 手稿本（臺灣拓植株式會社稿紙）

141頁（單面） 有圖表 26公分 毛裝

按著者乃國立中山大學農科教授，曾參加民國十七年（1928）西沙島調查隊。本篇係根據其原報告書譯為日文本。

全書主要內容，計分：地理概略、歷史、海流氣候、物產、燐酸鑛與日本人經營林島之狀況，以及西沙群島調查日記。

庋藏者：學者私人藏書

5305

新南群島

山本運一編 昭和十四年（1939）五月 臺北 臺北第一高等女學校地歷研究室印行

24面 有圖 21公分

（教材資料）

該國際爭議之問題群島，實係「南沙群島」，屬「

海南特別行政區」管轄區域。日人稱「新南群島」,乃最初發見「新島嶼群」意思,深具「占有」企圖。臺灣總督小林躋造,於昭和十四年三月三十日,府令第三十一號告示:高雄州高雄市ノ管轄區域中「內惟」下「新南群島」ノ區域等左如(名稱、位置)。是乃目前行政院以「東沙、南沙」群島,劃歸高雄市政府行政區(託管性質)之歷史遠因。

本《新南群島》編輯宗旨,以作中等學校的地理科教材資料。其主要內容,計分:新南群島(概略)、位置、地形、氣候、經濟價值、新南群島の史實等四項。

附錄:資料十種,列誌於次,以供參考。

1. 臺灣總督府令第三十一號:新南群島屬高雄市「內惟」管轄區域

2. 臺灣總督府告示第百二十二號:新南群島區域之名稱及位置

3. 帝國軍艦派遣,新南群島權益確保(臺灣日日新報)

4. 諸島發見の經過,燐礦會社發表(東京朝日新聞)

5. 常夏の理想鄉、淺沼燐礦社員の話(東京朝日新聞)

6. 外務省承認下十數年來經營,島內邦人の工場倉庫現存

7. 大正十年邦人百餘名渡島,百萬圓以上投資(

東京朝日新聞）

8.南支諸島佛國先占問題（國際通信、昭和八年
八月十六日發行）

9.佛の新南群島先占問題，我抗議書等公表（東
京朝日新聞）

10.長島の中央、冷泉、近海未開拓の漁場（台灣
日日新報）

庋藏者：台灣分館　040/BJe 23-p

5306

新南群島特輯

台灣時報社編　昭和十四年（1939）五月　臺北
該報印行

（21）面　有圖表　21公分

（臺灣時報　第二三四號）

本特輯係〈臺灣時報〉（月刊）第二三四號（昭和
十四年五月號），屬特刊或專輯性質。其主要內容，計
分：

新南群島の今昔　　　平田末治

漁業南進の前哨地

　　～實地調查記　　平塚　均

按〈新南群島〉（日本名稱），現稱〈南沙群島〉
，亦稱〈團沙群島〉。

庋藏者：台灣分館　0705/51

5307

新南群島紀行

牧山鶴彥撰　昭和十四年（1939）九月　臺北　臺
灣時報印行

（14）面（129～142）　有圖　20公分

本篇係〈新南群島〉領土編入後の初調查日誌抄，
乃臺灣總督府の新南群島調查團，於昭和十四年五月二
十四日至六月十九日，巡察調查の行動と見聞錄，刊於
〈臺灣時報〉（昭和十四年九月號）。

本調查團，計有二十一人，其組織成員如次：

㈠地方課：松藤茂、堀汪、岡崎喜人（高雄州）
，天野雅樂之助（高雄市）

㈡地理課：池田一德、山本俊造、安田辰男、竹
下孝行、童永福、木許好信（新竹州）

㈢鑛務課：牧山鶴彥、友松二郎、廣瀨芳雄、八
木秀一、宮內臺一、田中休七、飯田新太郎、
島田正光、翁天厚。

㈣情報部：影山鶴雄

㈤臺拓：菊川逸雄

本篇除敘述紀行、並附有寫眞（圖片）八幀：

㈠三角島の遠望

㈡新南群島附近圖

㈢大日本帝國標石前の團員一部

㈣佛人を訪問した團員幹部

　　㈤密林中の調査

　　㈥燐鑛の調査

　　㈦南二子島に於ける海鳥の群

　　㈧大海龜

　　庋藏者：台灣分館　052/BJ 8

㈣、遊　記

5401

海南島奧地旅行報告

　　M. Diehr報告　昭和九年（1934）七月　臺北　臺灣總督官房調查課印行

　　25面　冠地圖　21公分

　　（南支那及南洋調查　第二二〇輯）

　　按《海南島奧地旅行報告》，係著者於東洋語學報告中，海南島旅行記翻譯而成。主要內容，包括：緒言、海口～陵水、陵水～黎地～嶺門、嶺門～海口、結尾等五部份。

　　庋藏者：臺灣分館　4846/32　777/Bd 59-p

5402

海南島體驗實記

　　勝間田義久等撰　昭和十四年（1939）五月　臺北南洋協會臺灣支部印行

　　203面　有像及圖表　19公分

　　　本書全題名《大支那の片目　海南島體驗實記》，
係日人勝間田義久、村上勝太、末吉才助等三人，於昭
和十四年二月，奉派前往海南各地調查體驗實記。

　　　全書主要內容，計分：渡島事情、用意は好いか、
島の第一印象、蠅と兵隊、蛇と海南島、海南島は女護
の島、海南島聞見、島の交通機關、結婚珍風景、奇談
行進曲、海南島今昔物語、海南島の蕃地及蕃人、貴重
調查資料出現、末吉才助氏の旅行日誌、村上勝太氏の
旅行日誌、海南島概要等十六項，共五十七目。

　　　庋藏者：臺灣分館　4846/56

5403

海南島調查記

　　　松尾　弘撰　昭和十四年（1939）十二月　日本
東京商科大學印行　抽印本

　　　95面　有圖表　22公分

　　　（東京商科大學一橋論叢　第五卷第一號別刷）

　　　本《海南島調查記》，係著者於昭和十四年七月下
旬至八月中旬，親往海南島北部海口、瓊山、文昌、清
瀾，東部蓬萊、黃竹、大路、山竹、嘉積，南部三亞、
榆林、籐橋、新村、陵水、石門嶺、崖縣，西部北黎港
、定安、澄邁、那大等地區，作實地調查觀察。

　　　全書主要內容，計分：總論、氣候（地理位置）、
水利、土地（地質）、諸資源、災害、結語等七項。附

錄：參考文獻，以供研究參考。

　　庋藏者：臺灣分館　4846/107　770/Fd 143-p

5404

紀行海南島

　　水平　讓撰　昭和十六年（1941）四月　東京　光畫社印行

　　265面　有圖表　17公分

　　本《紀行海南島》，係著者於海南島實地旅行，經遊海口市、瓊州府（瓊山）、秀英、定安、澄邁、文昌、清瀾、三亞港等地區，觀測紀實。

　　附錄：海南島地位、海南島概要，以及圖片等資料，以供研究參考。

　　庋藏者：臺灣分館　4846/91

5405

紀行滿洲、臺灣、海南島

　　石山賢吉撰　昭和十七年（1942）四月　東京　日本出版文化協會印行

　　600面　有圖表　21公分　精裝

　　本《紀行滿洲、臺灣、海南島》，係著者於各地旅行過程所蒐獲資料，整理編著成書。其中海南島篇，主要內容，計分：島の諸夕相、海南島と資源二部份，舉凡海南島地誌、歷史、資源、礦產、農業、森林、海產

等，皆有詳實記錄。

著者暨書名索引

五劃：市、正、加、石、平、末、田、白、外

七劃：沈、村、李、尾、杉、足、秀、佐、延

八劃：河、青、武、松、東、林、牧、忽、金

十一劃：清、梁、張、陳、紫、野

十二劃：馮、曾、朝、森、菊、華、結、勝、飯

十七劃：濱、磯

十九劃：藤

撰　者　專　著

一、　中華民國企業管理資料總錄

　　　　　　民國六十八年　臺北市　哈佛企業管理顧問公司印行

二、公文寫作指南

　　　　　　民國七十二年　臺北市　文　史　哲　出　版　社　印　行

三、縮影圖書資料管理

　　　　　　民國七十二年　臺北市　文　史　哲　出　版　社　印　行

四、海南文獻資料簡介

　　　　　　民國七十二年　臺北市　文　史　哲　出　版　社　印　行

五、縮影問題與分析

　　　　　　民國七十五年　臺北市　文　史　哲　出　版　社　印　行

六、海南文獻資料索引

　　　　　　民國七十七年　臺北市　文　史　哲　出　版　社　印　行